はじめに

　思い出してみてください。
　小さいころに、葉っぱのお金でおままごとをしたことはありませんか。
　おままごとの中では何でも買える葉っぱのお金。でも、その葉っぱをお店に持っていっても、何も売ってはくれません。
　どうして葉っぱのお金は使えないのでしょう。
　本物のお金はどうして使うことができるのでしょう。

　こんどは、想像してみてください。
　あなたが、海の真ん中の小さな島に、たった1人で住んでいたとします。船が難破して、あなただけが助かったのです。あなたは苦労して水をため、畑をつくり、何とか生き延びてきました。
　ある日、あなたの島に、もう1人の人物が流れ着きました。その人は食料も道具ももっていませんでしたが、たくさんのお金だけはもっていました。その人は、
「このお金を全部あげるよ。大都会の真ん中で、ビルを2つも3つも買うことができるほどの金額だと思う。これをあげるから、君のその小さな水がめと、畑を売ってくれないかな。」
と言います。
　あなたは水がめと畑を、その人に売るでしょうか？
　お金をもらうよりも、魚をもらうほうがうれしいでしょう。その人が大きな魚をとってきてくれたら、あなたは苦労して育てたイモを5個でも6個でもわたすかもしれません。

　さて、現代はどうでしょう。
　最近では、「キャッシュレス社会」が話題になっています。現金を使わず、クレジットカードやICカードで支払いを済ませるしくみです。お財布にお金が1円も入っていなくても、買い物や支払いができます。
　あなたが使った分のお金は、あなたの銀行口座から引き出されます。「引き出される」といっても、銀行に保管されているあなたの「お金」が動かされるわけではありません。あなたの口座残高のデータに、新しい情報がちょっと書き加えられるだけです。

　葉っぱのお金は使えない。お金があっても何も買えないこともある。それなのに、お金を見ることも触ることもしないで使うことができる……。お金って、とっても不思議です。
　いま、私たちは何気なく毎日お金を使ってくらしていますが、お金が使えるって、実はとっても特別なことなのかもしれません。
　お金とは何なのか、お金によって私たちの社会にどんなしくみが作られているのかを知りたくなったら、この本を開いてみてください。その答えがきっとみつかるでしょう

編者

目次

はじめに ▶ 1
この本の特徴と使い方 ▶ 6
さくいん ▶ 196

第1章 お金のはなし

act.1 お金

お金の誕生 ▶ 10
日本のお金の歴史① ▶ 12
日本のお金の歴史② ▶ 14
世界の紙幣 ▶ 16
世界の硬貨 ▶ 18
日本の紙幣と貨幣（硬貨）▶ 20

act.2 お金と経済

どうしてお金が使えるのか ▶ 24
お金はだれが発行しているのか ▶ 26
お金が紙くずに変わる日① ▶ 28
お金が紙くずに変わる日② ▶ 30
キャッシュカードとクレジットカード ▶ 32
プリペイドカード ▶ 34
これからの通貨・仮想通貨① ▶ 36
これからの通貨・仮想通貨② ▶ 38
いろいろな仮想通貨とビットコイン ▶ 40

act.3 モノの価格

モノの値段はどうやって決まるのか ▶ 44
モノの価格に含まれているもの ▶ 46
サービスの値段 ▶ 48
安ければ売れるのか ▶ 50

コラム 偽札との戦い ▶ 52

第2章 私たちの生活と経済のはなし

act.1 生活と経済

個人の収入の種類 ▶ 56
日本人はいくらもっているのか ▶ 58
日本人はいくら稼いでいるのか ▶ 60
日本で暮らすには、いくらかかるのか ▶ 62
個人ローンとは ▶ 64
消費者金融とカードローン ▶ 66
生涯賃金と老後に必要な資金 ▶ 68
貧困の問題 ▶ 70

act.2 銀行

金融機関とは ▶ 74
銀行の役割 ▶ 76
日本銀行 ▶ 78
利子と利息のしくみ ▶ 80
投資・出資・融資の違い ▶ 82
預金と貯金の違い ▶ 84
金融機関の破たん ▶ 86

act.3 保険

保険とは ▶ 90
いろいろな保険 ▶ 92
保険金が支払われるしくみ ▶ 94

コラム マイナス金利って何？ ▶ 96

第3章 | 企業活動と経済のはなし

act.1 会社

- 日本の企業形態 ▶ 100
- 株式会社 ▶ 102
- 株式の取引 ▶ 104
- 企業価値 ▶ 106
- 株価 ▶ 108
- 決算書を読む① ▶ 110
- 決算書を読む② ▶ 112
- 資金調達のしくみ ▶ 114
- 会社の倒産 ▶ 116

コラム 会社を作るのにいくらかかる？ ▶ 118

第4章 | 国や地方自治体のお金のはなし

act.1 公共のお金

- 税金の役割 ▶ 122
- 世界のユニークな税 ▶ 124
- 国家予算 ▶ 126
- 地方自治体のお金 ▶ 128
- 国の借金 ▶ 130
- 金融政策 ▶ 132
- 社会保障制度 ▶ 134
- 年金制度 ▶ 136
- 年金制度の問題 ▶ 138
- 経済的な助け合い ▶ 140
- 公共事業と経済 ▶ 142
- 自治体の破たん ▶ 144

コラム 超財政難だった明治政府 ▶ 146

第5章 世界経済のはなし

act.1 日本と世界

日本からの輸出 ▶ 150
日本への輸入 ▶ 152
日本の貿易の課題 ▶ 154
外国為替 ▶ 156
外国為替のしくみとモノの値段 ▶ 158

act.2 世界経済

国内総生産（GDP）▶ 162
世界の貿易 ▶ 164
関税と貿易 ▶ 166
貿易摩擦 ▶ 168
貿易と協定 ▶ 170
金融による世界の結びつき ▶ 172
インターネットと世界経済 ▶ 174

コラム 戦争と経済 ▶ 176

付録 経済学入門／経済用語と資料

経済学入門

重商主義／重農主義 ▶ 180
古典派経済学／マルクス経済学 ▶ 182
新古典派経済学／ケインズ経済学 ▶ 184
ミクロ経済学とマクロ経済学／複雑系経済学 ▶ 186
ノーベル経済学賞の歴代受賞者 ▶ 188

経済用語と資料

経済用語 ▶ 190 ／資料 ▶ 193

コラム 経済学に心理学を取り入れた「行動経済学」▶ 195

5

この本の特徴と使い方

　この本は、お金と経済について、見て楽しみながら学ぶ本です。お金の歴史、現在の貨幣、電子マネーなどお金について、金融、保険、税金など身近な経済について、また、貿易や為替など世界経済について、章ごとに分けて解説しています。言葉での説明では難しくなりがちなテーマも、イラストや図表を使って見やすくしています。生活の中で不思議に思ったことや疑問に感じたことを素早く知ることができる、親子で楽しめるお金と経済の入門書です。

テーマ
それぞれのページであつかっている内容とそのタイトル名です。

解説
それぞれのテーマ内容を簡潔にわかりやすく解説しています。

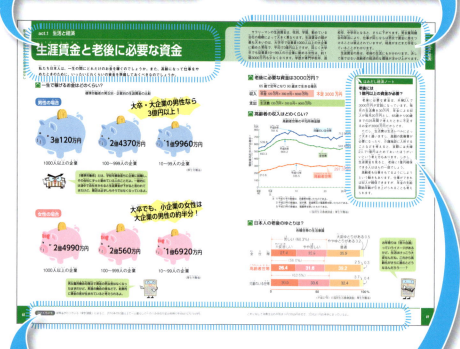

ひとくちメモ
本文には入りきらなかった情報から、1つを選んで入れています。

はみだし経済ノート
より詳しく解説が必要な項目について、説明しています。

図やグラフなどの解説は、ぼくたちがしているよ。

バンゾウ

タクミ

第1章

お金のはなし

お金はいつ生まれて、
だれが作っているのかな？
お金が使えるのは、
どうしてなんだろう？

第1章　お金のはなし

act.1 お金

日本橋魚市繁榮圖

　この絵は、江戸時代の浮世絵師・歌川国安「日本橋魚市繁栄図」。天保（1831〜1845）の頃、江戸・日本橋にあった魚河岸のにぎわいを描いたものです。

　タイやアワビ、イカ、タコ、イセエビなどさまざまな魚を売り買いする人々で大混雑です。左端の天秤棒でかつがれている大きな黒い魚はマグロでしょうか。このころの江戸の人口は、100万人を超えていたといわれますので、江戸近郊から多くの魚や野菜などが運び込まれていたことでしょう。

　江戸は武士と町人の街。もし物々交換しか方法がなかったら、交換するものがない武士や町人は、食料を手に入れることができません。当時の世界的な大都市・江戸が成立できたのも、町人や農民、漁民など広くに貨幣経済が発達していたからだということができるでしょう。

　では、お金とはどのようにしてできたのか。また、現在はどのような種類があるのかを見ていきましょう。

歌川国安「日本橋魚市繁栄図」国立国会図書館

第1章 お金のはなし

act.1 お金

お金の誕生

私たちが毎日あたりまえのように使っている「お金」は、いつごろ誕生したのでしょうか。お金が存在しなかった時代は、どのようにして欲しい物を手に入れていたのでしょうか。

🟠 人類最初の経済取引は「物々交換」

物々交換 交換する相手探しや交渉が困難！

大昔、お金が存在しなかった時代には、物々交換で品物のやり取りをしたよ。物々交換は、人類にとって最初の経済取引だと考えられているんだ。
でも、交換する品物が偶然に同じ価値であればいいけれど、中には釣り合わない交換もあるよね。欲しい物を持った人を見つけるのも大変だ。そこで、交換できる共通のものとして「貨幣」が生まれたんだ。

🟠 「物品貨幣」が通貨のはじまり

物品貨幣 持ち運びが不便！

自然貨幣 貝殻、石、骨など

商品貨幣 布、塩、穀物、家畜など

貝　石

牛　ひえ、あわなど　布

布、穀物、塩、砂金などが交換の手段として用いられるようになったよ。これを「物品貨幣」というんだ。
文献などに残っている世界最古のものは、紀元前1600年頃、中国の殷時代に使われていた「貝貨」だと言われているよ。お金に関係のある漢字に貝のつくものが多いのはそのためなんだ。

●お金に関係する漢字

貯　買　賣(売の旧字)　資　財　費　寶(宝の旧字)　貨　贈

賭　貴　賽　貧　貪　負　賊　賤　など

ひとくちメモ　アフリカ・ガーナの現在の通貨「セディ（cedi）」は、もともとは現地の言葉でタカラガイの貝殻のことだったんだ。アフリカ

お金のなかった昔は、自分が欲しい物を手に入れるために「物々交換」をしていました。たとえば、イノシシと魚を取り換える、リンゴと栗を取り換える、といった具合に物と物とを直接交換していました。

ところが、いつも欲しい物が交換できるかというとそうではありません。いくら相手の持っている物が欲しくても、相手が必要としなければ交渉は成立しません。そこで共同生活において利用価値が高く、貴重で保存の効く布、穀物、塩、砂金といった品物が交換手段として使われるようになりました。これが「物品貨幣」です。

やがて物品貨幣のなかでも、金属が広く用いられるようになり「金属貨幣」が造られるようになりました。

金属貨幣が誕生！

鉱石から金属を採る技術が進むと、貴金属が貨幣として使われるようになったよ。
貴金属は少量でも交換価値が高く、持ち運びにも便利。そしてなにより腐らない。そのため世界中のほとんどの地域で金、銀、銅などの金属で造られた「金属貨幣」が広まっていったんだ。

ようやく、私たちが見慣れた「お金」になってきたね！
鋳造貨幣は、額面を表示するところから計数貨幣と呼ばれるよ。大判、小判も計数貨幣だよ。

金属貨幣 金貨、銀貨、銅貨などが広まる！

秤量貨幣

紀元前670年頃にアナトリア半島のリュディアで発明されたエレクトロン貨。

金属を重さで量って貨幣として使う

秤量貨幣とは、金属を重さで量って貨幣として使ったもので、金属の価値と貨幣の金額が等しい貨幣です。紀元前8世紀頃になると、中国では農具、刃物をかたどった布幣や刀幣が造られるようになりました。

鋳造貨幣

古代アテネのテトラドラクマ貨。表面にギリシャ神話の女神、裏面にはフクロウとオリーブの小枝、三日月が描かれていた。

金属を溶かし、型に流してつくった貨幣

秤量貨幣は受け取るたびに品質を調べたり、重さを量ったりしなければならず、不便でした。そこで大きさと重さ、混合物の量をしっかりと決めた鋳造貨幣（コイン）が登場します。紀元前6世紀頃には、世界各国で盛んに造られるようになりました。

金属を溶かし、型に流してつくる鋳造貨幣は、金属の価値とは関係なく、国の信用で流通する信用貨幣としての性質を持っています。

諸国では長い間、タカラガイの貝殻が貨幣として流通していたんだ。その名残なんだね。

第1章 お金のはなし

act.1 お金

日本のお金の歴史①

日本で最も古いお金はいつごろ生まれたのでしょうか。
古代から戦国時代にかけて、日本ではどんな「お金」が使われてきたのでしょうか。

🟠 古代（7世紀～12世紀半ば）金属のお金のはじまり

開元通宝

和同開珎

富本銭（複製品）

皇朝十二銭（一部）
万年通宝／神功開宝／富寿神宝／承和昌宝／隆平永宝／寛平大宝

時代	飛鳥時代	奈良時代	平安時代	
年	621年／660年頃／683年／7世紀後半／699年／708年	この頃	958年／10世紀後半／12世紀半ば／12世紀後半	1193年
できごと	中国で**開元通宝**発行／**富本銭**製造／鋳銭司を置く／銀銭の使用を禁止し、銅銭を使用に／この頃無文銀銭が使われる？／**和同開珎**（銀銭・銅銭）発行	**皇朝十二銭**発行	最後の皇朝十二銭である乾元大宝発行／朝廷銭貨の使用を強制する／この頃「銭の病」が流行／**渡来銭**が流通／日宋貿易（銭貨の輸入）が盛ん	朝廷、銭貨の使用を禁止
	銭貨の製造開始	国家による本格的な銭貨発行	銭貨の衰退／国家による銭貨発行停止	渡来銭の

朝廷が発行した貨幣という意味で、「皇朝十二銭」と呼ばれているよ。

中国で西暦621年に造られた「開元通宝」が、遣唐使などにより日本に伝えられたよ。この開元通宝をモデルにして和銅元（708）年に造られた「和同開珎」が日本最古の貨幣とされていたけれど、さらに古い7世紀後半に造られたとされる「富本銭」が奈良県明日香村の飛鳥池遺跡で見つかったんだ。そして、もっと古いとされているのが「無文銀銭」だよ。

12

ひとくちメモ　「和同開珎」は、「わどうかいちん」と読むという説と、「わどうかいほう」と読むという説とがあるよ。「ちん」と読む説では

708年、武蔵の国秩父郡から銅が献上され、年号を和銅と改め、初めて和同開珎という貨幣（銀銭と銅銭）が造られ、日本で最初の金属製のお金（銭貨）だといわれてきました。しかし近年、飛鳥池遺跡で見つかった富本銭が日本最古の貨幣なのでは、と研究が続いています。

708年の和同開珎以降、250年の間に12種類の貨幣（皇朝十二銭）が造られましたが、10世紀末には皇朝銭の鋳造は中止され、10世紀末から約200年間は米や絹などの物品貨幣が利用されます。平安末期になると中国から流入した銭貨（渡来銭）が使われるようになり、商品経済の発展とともに、銭貨の使用が浸透していくことになりました。

🟠 中世（12世紀半ば～16世紀後半）海を越えてきたお金

皇宋通宝（宋銭）

永楽通宝（明銭）

渡来銭など約7700枚の銭貨が入っていた壺

石州銀（石州丁銀）

甲州金

1200	1300	1400	1500	1600
鎌倉時代		室町時代		
1226年	13世紀後半	14世紀／15世紀前半／1485年	1500～1513年／16世紀後半／1542～1569年	1550年頃／1569年
鎌倉幕府、銭貨の使用を認める	年貢の代銭納化が進む	為替（割符）の発生／宋銭や明銭（永楽通宝等）が通用／遠隔地取引拡大で為替の使用が盛ん／周防国大内氏、撰銭令を出す	室町幕府、毎年撰銭令を出す／石見銀山の銀による石州銀が造られる／幕府、戦国大名がしばしば撰銭令を出す	武田氏の領国で甲州金が造られる／織田信長、撰銭令を出す

渡来銭の浸透　　撰銭の発生

流入開始　　商品経済の発展と銭貨需要の増大　　金貨・銀貨の登場

> 平安末期になると、中国などとの貿易を通じて流入してきた貨幣（渡来銭）が日本国内でも使われるようになったよ。中でも、明の永楽通宝は質が良く、16世紀後半から各種流通貨幣の基準となったんだ。

> 「撰銭」とは粗悪な悪銭のことだよ。「撰銭令」で悪銭の流通を禁止したんだ。

「珎」は「珍」の異字体であると考え、「ほう」と読む説では「珎」は貨幣を表す「寶」という字の異字体であると考えているよ。

第1章 お金のはなし

act.1 お金

日本のお金の歴史②

領国貨幣から徳川家康による貨幣制度の統一、大判、小判が広く流通する時代から、紙のお金へ。そして「円」の誕生へ。めまぐるしく変化する社会とともにお金も大きく変わります。

近世（16世紀後半～19世紀後半）日本独自のお金が流通しはじめる

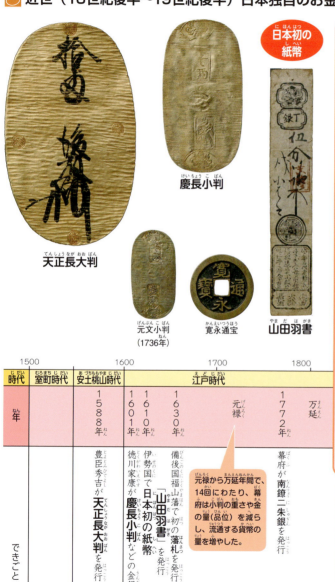

天正長大判　慶長小判　元文小判（1736年）　寛永通宝　山田羽書（日本初の紙幣）

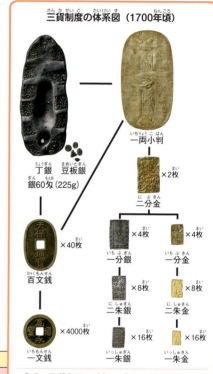

三貨制度の体系図（1700年頃）

丁銀　豆板銀　銀60匁（225g）→ 一両小判
百文銭 ×40枚　二分金 ×2枚
一朱銭 ×4000枚　一分銀 ×4枚／一分金 ×4枚
二朱銀 ×8枚／二朱金 ×8枚
一朱銀 ×16枚／一朱金 ×16枚

- 金貨（計数貨幣）1両＝4分＝16朱
- 銀貨（秤量貨幣）1匁＝10分、1000匁＝1貫（貫目、貫匁）
　※秤量貨幣の単位「匁」は重量の単位（1匁＝約3.75g）
- 銭貨（銅貨）（計数貨幣）1000文＝1貫文

年表

時代	1500 室町時代	安土桃山時代	1600 江戸時代	1700 元禄	1800 万延
年		1588年	1601年／1610年／1630年		1772年

できごと：
- 豊臣秀吉が天正長大判を発行
- 徳川家康が慶長小判などの金銀貨を発行
- 備後国福山藩で初の藩札「山田羽書」を発行
- 伊勢国で日本初の紙幣
- 元禄から万延年間で、14回にわたり、幕府は小判の重さや金の量（品位）を減らし、流通する貨幣の量を増やした。
- 幕府が南鐐二朱銀を発行

金貨・銀貨の登場　藩札の広まり　幕府による金貨・銀貨・銭貨の統一（三貨制度の成立）　計数銀貨の登場

慶長金銀貨以降、寛永13（1636）年、三代将軍徳川家光の時代に「寛永通宝」が造られ、寛文10（1670）年には渡来銭の通用が禁止されて、日本独自の「三貨制度」ができたよ。一方、17世紀の初め、伊勢山田地方の商人の信用に基づいた紙幣（山田羽書）が出現し、やがて各藩で、領内で通用する藩札（紙幣）が発行されるんだ。幕府による三貨制度と、各藩の藩札が両立していたんだね。元禄時代には幕府による改鋳が何度も行われ、貨幣制度は乱れていったよ。

ひとくちメモ　日本を代表する繁華街である東京の銀座。江戸時代に丁銀や豆板銀などの銀貨の鋳造所や、両替を行う「銀座役所」があったた

16世紀後半には各地の戦国大名が独自の金銀貨を鋳造。領国貨幣は江戸幕府による金銀貨が全国に普及するまで、約150年にわたり流通しました。豊臣秀吉が鋳造させた「天正長大判」は世界最大の金貨として有名です。
関ヶ原の戦いに勝利した徳川家康は貨幣制度の統一に着手し、慶長6（1601）年に慶長金銀貨を発行しました。

その後幕府による銭貨が発行され、日本独自の金・銀・銭、3種の貨幣による「三貨制度」が確立します。
藩札の広まり、開港後の通貨の混乱期を経て、近代に入り、ようやく新しい貨幣制度を整えた日本では、統一通貨「円」が導入され、日本銀行が発行する銀行券が全国で流通するようになりました。

お金

近代（19世紀後半〜20世紀）新しい貨幣制度「円」の誕生

民部省札

太政官札

新紙幣「明治通宝札」

日本銀行兌換銀券（表）↑
（裏）→
最初の日本銀行券

旧20円金貨

新20円金貨

改造紙幣「神功皇后札」

日本銀行券「5円紙幣（ろ号券）」

江戸時代	明治時代	大正時代	昭和時代
1859年	1868年 / 1871年 / 1872年 / 1881年 / 1885年 / 1897年 / 1899年	1931年	1946年
開国後に外国との両替の基準を定める通貨が混乱する	明治新政府が太政官札を発行 / 新貨条例を制定 円の単位を採用 / 明治通宝札を発行 / 神功皇后札を発行 / 日本銀行創設 最初の日本銀行券にあたる日本銀行兌換銀券を発行 / 貨幣法が施行 金本位制が本格的に採用される / 政府紙幣や国立銀行紙幣の通用が停止	新しい日本銀行券を発行	管理通貨制度へ移行

明治4（1871）年に「新貨条例」を制定し、金貨を貨幣の基本とし、単位も「両」から「円」に改めた。翌明治5（1872）年に新紙幣「明治通宝札」を発行しているよ。でも、当時はまだ日本に技術がなかったため、ドイツの印刷業者に製造を依頼したんだって。だからこの新紙幣は「ゲルマン紙幣」とも呼ばれたんだ。

明治新政府は当初、幕藩時代の金銀銭貨や藩札をそのまま通用させ、太政官札や民部省札、民間の為替会社にも紙幣を発行させたため貨幣制度は混乱したんだ。

「明治通宝札」に偽造が多発したため、明治14（1881）年に「神功皇后札」を発行した。欧米の紙幣の様式を取り入れて横長となり、初めて肖像画が印刷された。当時日本では全国に153の国立銀行ができ、それぞれが独自の紙幣を発行していたけれど、明治32（1899）年以降、日本銀行券に統一されたんだ。

act.1 お金

世界の紙幣

世界の紙幣にはどんなものがあるのでしょうか。また、世界で最初にできた紙幣はどんなものだったのでしょうか。

🪙 おもな世界の紙幣

▶ユーロ（欧州連合）
さまざまな国や人々が使う紙幣なので、実在する建造物や人物は描かれていない。

▶ポンド（イギリス）
10ポンド札の表面に描かれている肖像画は、エリザベス女王。

▶ルーブル（ロシア）
100ルーブル札の裏面に描かれているのはボリショイ劇場。

▶ランド（南アフリカ）
20ランド札の裏面には、ゾウが描かれている。

▶ルピー（インド）
インド独立の父と呼ばれるマハトマ・ガンディーが描かれている。

▶元（中国）
1元札の表面の肖像画は建国の父と呼ばれる毛沢東。

▶フィリピンペソ（フィリピン）
偽造対策のため、フランスに製造を委託している。

> **アフリカの共同通貨**
> **CFAフラン（セファールフラン）**
> 旧フランス領だった西アフリカ諸国（セネガル、コートジボアール、トーゴなど）と、赤道アフリカ諸国（チャド、赤道ギニア、コンゴなど）では、共同通貨・CFAフランが使われている。
>
>

▶メティカル（モザンビーク）
20メティカル札の裏面にはサイが描かれている。

▶オーストラリアドル（オーストラリア）
紙ではなく合成樹脂のシートに印刷されている。

ひとくちメモ　日本で最初に紙幣に肖像が描かれた人物は神功皇后。神話時代の人物で肖像画もなかった。紙幣寮（現在の国立印刷局）の技術

いまから1000年ほど前、紙幣を造るために必要な紙をつくる技術や、大量の紙に文字や絵柄を印刷する技術が中国で開発されたことにより、紙幣が生まれました。

紙幣にはさまざまな絵柄がありますが、人物が描かれているものが多く見られます。人物の肖像画は描くのが難しく、ちょっとした違いでも気づきやすいため、紙幣の偽造防止に役立つからです。

紙幣の中には、布や革で造られたものもありました。また、1988年にはオーストラリアで、合成樹脂でできた「ポリマー紙幣」が開発されました。破れたり汚れたりしにくく、偽造も難しいため、現在では世界20か国以上の紙幣に使われています。

お金

▶カナダ・ドル（カナダ）
5ドル札の裏面には国際宇宙ステーションに搭載されているカナダアーム2と宇宙飛行士が描かれている。

▶アメリカ・ドル（アメリカ）
5ドル札の表面には第16代大統領・リンカーンの肖像が描かれている。

▶コロン（コスタリカ）
2000コロン札の裏面には、コスタリカの海が描かれている。

▶バミューダ・ドル（バミューダ）
デザインが縦長の紙幣。2ドル札の表面に描かれているのはルリツグミ。

▶フィジー・ドル（フィジー）
軍事政権下でイギリス連邦の資格停止となったとき、エリザベス女王の肖像から動植物に変えた。

▶ソル（ペルー）
10ソル札の裏面には、上下逆さまになって飛ぶ複葉機が描かれている。

▶レアル（ブラジル）
50レアル札の裏面にはジャガーが描かれている。

▶ニュージーランド・ドル（ニュージーランド）
5ドル札の裏面にはイエローアイド・ペンギンが描かれている。

世界最古の紙幣　交子

世界で最古の紙幣は、10世紀に現在の中国・四川省にあった「北宋」で造られた「交子」と呼ばれる紙幣。硬貨の材料である銅が採れず鉄の貨幣が使われていたが、重い上にさびやすくて不人気。そこで紙のお金が考えられた。「偽札を造ったら死刑」という警告文が書かれたものもあった。

北宋時代の中国

者だったイタリア人彫刻家キヨッソーネが想像で描き、原版を制作したため、なんとなく外国人風になったといわれているよ。

act.1 お金

世界の硬貨

世界の硬貨にはどんなものがあるのでしょうか。また、世界で最初にできた硬貨はどんなものだったのでしょうか。

おもな世界の硬貨

共通性と個性　ユーロ硬貨

欧州連合（EU）加盟国では、2002年から共通通貨のユーロが使われている。ユーロ硬貨は、片面は共通のデザインだが、もう一方の面は発行国によって異なっている。

[1ユーロの共通の面]

[1ユーロの各国ごとの面]

▶イタリア
ラファエロ・サンティによるダンテの肖像画。

▶ポルトガル
初代ポルトガル王・アフォンソ・エンリケスの印章。

▶フィンランド
ラップランドで採れるクラウドベリーの花と実。

▶フランス
命、連続性、成長を象徴する木。

▶ギリシャ
牡牛に化けたゼウスにさらわれる王女エウロペ。

▶アイルランド
アイルランドの伝統的な楽器であるケルトの竪琴。

▶ドイツ
ドイツの伝統的な国章・ワシ。

▶スロバキア
スロヴァキアを象徴する3つの山の上に二重十字（国の紋章）。

▶キプロス
紀元前3000年ごろの十字形偶像「ポモスの偶像」。

▶オーストリア
ノーベル平和賞を女性で初めて受賞したベルタ・フォン・ズットナー。

▶オランダ
2013年まで在位したベアトリクス・オランダ女王。

▶マルタ
王朝時代にマルタを表した8つの尖った先端を持つ十字架。

▶スロベニア
国歌「祝杯」の一文と、作詞したフランツェ・プレシェーレン。

▶ルクセンブルグ
2000年から在位しているアンリ・ルクセンブルク大公。

▶リトアニア
国の紋章である白馬に乗り剣を振り上げた騎士「ヴィーティス」。

▶ディハルム（モロッコ）
1/2ディハルム硬貨の裏面には新しい通信技術の象徴として通信衛星が描かれている。

▶フィルス（アラブ首長国連邦）
50フィルス硬貨は7角形。

▶センタボ（フィリピン）
5センタボ硬貨は穴があいている。その穴が「5」の数字の中にあるというユニークなデザイン。

ひとくちメモ　現在の硬貨の直接の先祖は、紀元前7世紀ごろのリュディア（現在のトルコにあたる地域）のエレクトラムコインだといわれて

硬貨について書かれた最も古い記録は、いまから4500年も前の古代メソポタミアのものです。硬貨ごとに価値が決まっていたのではなく、金属の重さを価値の単位としていたことがわかります。紀元前14世紀頃に描かれたエジプトの壁画にも金属の重さを量る天秤の絵が描かれたものが発見されており、メソポタミアと同じように重さを量って使う硬貨があったことがわかります。
現在では世界各国で硬貨が発行されています。いろいろな絵柄のものがあり、中には変わった形のものも。硬貨の絵柄や形からそれぞれの国の文化や国民性が見えてくるかもしれません。

お金

▶ウォン（韓国）
50ウォン硬貨の表面の絵柄は稲穂。

▶分（中華人民共和国）
表面に「壱分」と漢字で表記されている1分硬貨。

▶セント（カナダ）
5セント硬貨の裏面の絵柄はビーバー。

▶セント（香港）
20セント硬貨は、ふちが波形になっている。

▶セント（アメリカ）
10セント硬貨の表面の絵柄は第32代大統領のフランクリン・ルーズベルト。

直径3mのお金
ヤップ島の石貨・ラップ

西太平洋・ミクロネシアのヤップ島には、「ライ」と呼ばれる石でできたお金、石貨がありました。直径は30cmから3mもあります。

実はこの石はヤップ島では産出せず、約500km離れたパラオからカヌーやいかだで運んできたものです。

実際にお金としては流通せず、大きなものは運ぶことすらせず、所有権だけが移転することもあったようです。

東京の日比谷公園で、ヤップ島から運ばれてきた石貨を見ることができます。

▶キナ
（パプアニューギニア）
1キナ硬貨は穴があいていて、そのまわりをクロコダイルが囲む。

▶ペソ（メキシコ）
5ペソ硬貨の裏面の絵柄はヘビをくわえたワシ。

▶セント（フィジー）
50セント硬貨の裏面にはフィジーの伝統的なカヌー・カマカウが描かれている。

▶オーストラリア・ドル
（オーストラリア）
1ドル硬貨の裏面の絵柄はカンガルー。

いるよ。これは、天然の金と銀の合金の粒に模様を打ち込んだもの。初期のものはシンプルな網目模様だけだったんだよ。

19

第1章 お金のはなし

act.1 お金

日本の紙幣と貨幣(硬貨)

現在日本では、どのような紙幣や、どのような貨幣(硬貨)が発行されているのでしょうか。あらためて見てみましょう。

🟠 現在発行されている紙幣

表 　　　　　　　　　　　　　　裏

ひとくちメモ 5円硬貨の稲穂が描かれている面の穴のまわりを囲んでいる凹凸は歯車だよ。その下の「五円」という文字の背景の横線は水な

20

現在日本では、4種類の紙幣と6種類の貨幣（硬貨）が発行されています。紙幣は独立行政法人国立印刷局が製造し、貨幣は独立行政法人造幣局が製造しています。

平成29年度に製造された紙幣は、10000円…12億3000万枚、5000円…2億枚、1000円…15億7000万枚でした（2000円札は製造されませんでした）。また貨幣（硬貨）は、500円…4億2000万枚、100円…5億4400万枚、50円…2800万枚、10円…1億2500万枚、5円…3300万枚、1円…48万枚でした。

製造枚数は財務省が市中流通状況などを勘案しながら決定しますが、電子マネーやクレジットカード決済の普及などによって製造枚数は減少してきています。

紙幣		1000円	2000円	5000円	10000円
名称		E千円券	D二千円券	E五千円券	E一万円券
おもな絵柄	表面	野口英世	首里城（沖縄）の守礼門	樋口一葉	福沢諭吉
	裏面	富士山、桜	「源氏物語絵巻」第38帖「鈴虫」の絵図に詞書を重ねた絵柄、紫式部	尾形光琳作の国宝「燕子花図」の一部	平等院鳳凰堂に据えられている鳳凰像
寸法	縦	76mm	76mm	76mm	76mm
	横	150mm	154mm	156mm	160mm
発行年		平成16年	平成12年	平成16年	平成16年

紙幣には1枚ごとにアルファベットと数字の組み合わせによる「記番号」がつけられているけど、現在使われている1000円札と1万円札は、記番号の色が黒いものと褐色のものとがあるよ。使う数字などが一巡してしまったので、色を変えてもう一度使うことにしたんだ。

現在発行されている貨幣（硬貨）

貨幣（硬貨）		1円	5円	10円	50円	100円	500円
絵柄	表面	若木	稲穂、歯車、水	平等院鳳凰堂、唐草	菊	桜	桐
	裏面		双葉	常磐木			橘
材質		アルミニウム	黄銅	青銅	白銅	白銅	ニッケル黄銅
直径		20.0mm	22.0mm	23.5mm	21.0mm	22.6mm	26.5mm
重さ		1.0g	3.75g	4.5g	4.0g	4.8g	7.0g
発行年		昭和30年	昭和34年	昭和34年	昭和42年	昭和42年	平成12年

以前発行されていた50円硬貨は、今のものよりもひと回り大きくて、穴もあいていなかったよ。昭和42年に100円硬貨が発行されたときに、区別がつきにくいということで、いまの50円硬貨が発行されたんだ。

んだ。稲穂が農業を、歯車が工業を、水が水産業を表しているんだ。

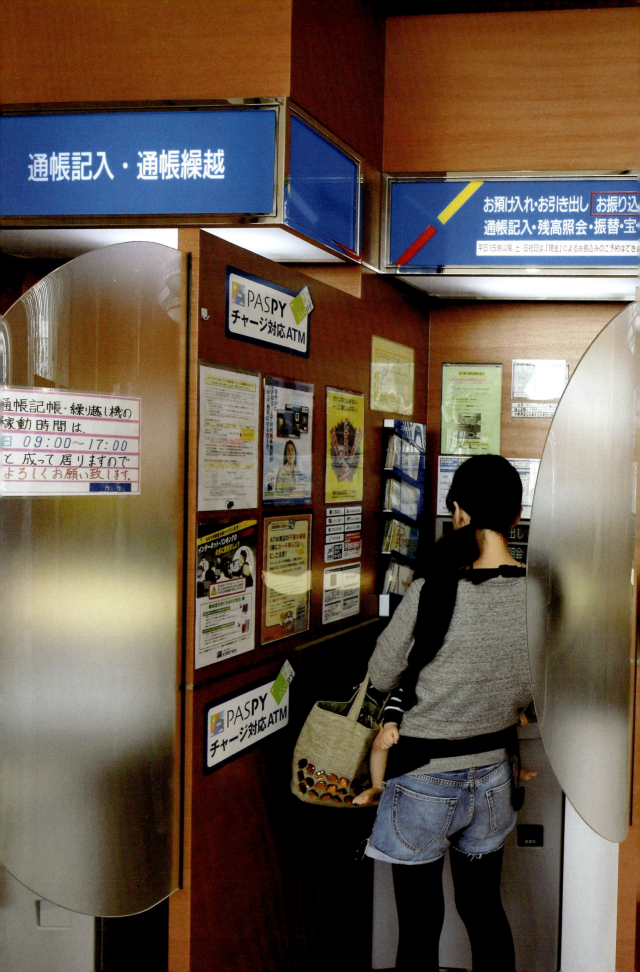

第1章　お金のはなし

act.2　お金と経済

　いま、私たちが働いて得る給料のほとんどは、現金を手渡されるのではなく、銀行などの口座に振り込まれます。まとまった金額のお金を現金で用意するのは手間ですし、受け取ったほうも、持ち帰る途中で落としたり、盗まれたりする危険があるからです。

　家賃やローンの返済、公共料金の支払いなどは、手続きをしておけば自動的に口座から引き落とされるので、わざわざ銀行などの窓口に現金を持って行って振り込まなくてもいいようになっています。

　最近はクレジットカードや電子マネーが普及しているので、日常生活の中で現金を使うこと自体が減っています。極端にいえば、現金にまったく触れることがなくても生活できる世の中になってきているのです。

　一方、最近話題になることが多い仮想通貨も、現金を見ることはありません。受け取るときも使うときも、インターネットを通じたデータのやり取りだけです。

　お金と経済はどのように関係し、これからどうなっていくのでしょうか。

act.2 お金と経済

どうしてお金が使えるのか

紙幣は、「もの」として見ればただの紙です。では、どうしてこの紙で買い物をすることができるのでしょうか。

お金と信用

金本位制

ひとくちメモ　金貨は金で造られているから、1個あたりの金額が高額になりがちで日常的には使いにくいという面もあったんだ。また、貴金

お金を発行した中央銀行が、「1万円の紙幣は、1万円分の金と交換します」と保証した時代もありました。これを金本位制といいます。金はその価値が広く認められているので、「必ず決まった量の金と交換してもらえる」ということが、信用の裏付けとなったのです。

しかし、そのためには中央銀行は大量の金を保有しなければなりませんし、経済が発展して多くのお金が必要になっても簡単に増やすことができません。この金本位制が限界に達した後、各国は法律によって規制しながら自国の経済力に見合った量のお金を発行する管理通貨制度をとるようになりました。現在はその国の経済力がお金の信用を裏付けるようになったのです。

管理通貨制度

景気が良くなってきたから、もっとお金を発行して！

そんなに金をもっていないから、これ以上は発行できないんです……。

金本位制では、中央銀行が保有する金以上のお金を発行することができないよ。

戦争の費用を得るため、金を売ったから、足りなくなった！

ドルは金本位制で安心だから、いまのうちにドルを買っておこう。

戦争が終わって落ち着いた。経済もついてきたぞ。

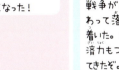
金は十分あるから、金本位制を続けられるよ。

ドルとそれぞれの通貨との交換比率を決めて、ドルと金を同じように考えることにしよう。

ベトナム戦争が始まってお金がかかるし、国内ではインフレになってしまった……。

いくらお金を発行しても、どんどん海外に流出してしまう。保有している金が足りなくなってしまいそうだ！

ドルと金の交換を、一時的に停止します！

え～！？

第二次世界大戦後半、金を放出し、金本位制の維持が難しい国が出てきた。一方アメリカは、自国が戦場にならなかったこともあって、金本位制を継続するために十分な量の金を保有していた。そこで主要国が金と共にアメリカのドルを基軸として扱う固定相場制度とする「金ドル本位制」をとることにした。

アメリカのニクソン大統領が1971年に、金とドルの交換停止を含む新経済政策を発表。「ニクソン・ショック」と呼ばれている。アメリカは財政赤字なうえ、ドルの流出が続き、金本位制を維持できなくなってしまった。

経済が発達してくると、金本位制にはいろいろと無理があるね。

でも、中央銀行がどんどんお金を発行してしまったら、経済が混乱してしまうよ。

お金を発行するルールを法律で定めて、法律によって管理しながらお金を発行していこう。

現在、お金はその国の経済に見合った量が発行されているよ。また、経済の実態よりも多くのお金を発行してしまうと、お金の信用が失われ、価値が下がってしまうよ。

act.2 お金と経済

お金はだれが発行しているのか

だれでもお金を発行していいわけではありません。日本でお金を発行することができるのは、どこなのでしょうか。

貨幣（硬貨）の発行

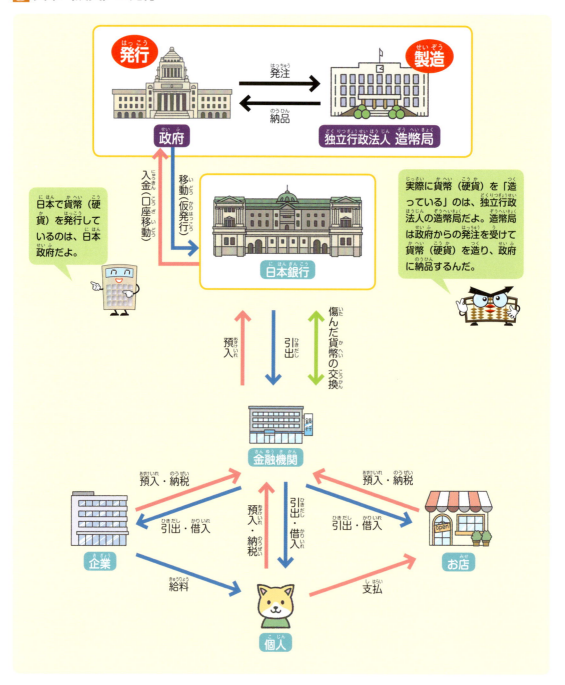

ひとくちメモ　硬貨を造る造幣局は江戸時代の金座役所、銀座役所の流れをくむものだけど、紙幣を造る国立印刷局は明治時代になってから生

紙幣をよく見てみると「日本銀行券」と書かれています。日本銀行が発行しているからです。日本銀行が日本銀行券、つまり日本の紙幣を発行することは日本銀行法によって定められています。もし政府が紙幣を発行することができると、政府にとって都合がいいように発行量を決めてしまう恐れがあるためです。

一方、1円玉、5円玉といった貨幣（硬貨）をよく見てみると、「日本国」と書かれています。これは、日本の国、つまり日本政府がその貨幣を発行しているからです。
　貨幣（硬貨）は額面が小さいため、その発行量が経済に影響を与えることはほとんどありません。そこで政府が直接発行しても問題がないと考えられたのです。

紙幣の発行

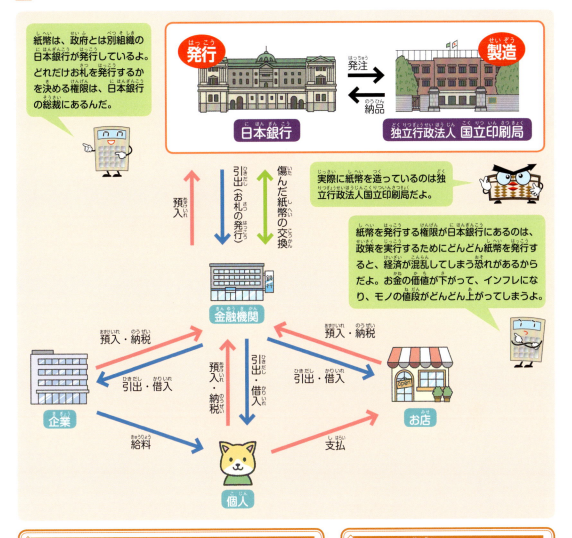

はみだし経済ノート

独立行政法人造幣局

　造幣局は、オリンピックのような大きな行事などにあわせて発行する記念貨幣のほか、勲章や褒章の製造も、高度な金属加工技術を生かして造幣局が担っています。国民栄誉賞の記念の盾や、日本で開催されたオリンピックの受賞メダルも、造幣局が造ってきました。
　また、民間からの依頼によって金、銀、白金（プラチナ）の品位（純度）を調べて証明したり、貴金属地金を精錬し、より品位の高い地金を製造したりもします。

はみだし経済ノート

日本の紙幣

　日本の紙幣の製造には、和紙作りの技術が生かされています。原料はミツマタやマニラアサなど。ミツマタは古くから和紙の原料として利用されてきたものです。紙幣に使うミツマタの生産は、農家の高齢化や後継者不足などの影響で、現在は岡山県、徳島県、島根県だけとなり、不足分はネパールや中国から輸入されています。

まれたんだよ。紙幣のほかに印紙や収入証紙、切手なども国立印刷局で印刷されているよ。

第1章 お金のはなし

act.2 お金と経済

お金が紙くずに変わる日 ①

もしあなたが持っているお金が、紙くず同然の価値しかなくなったらどうしますか。実はこれまでにそういったことがあったのです。まずはドイツの例を見てみましょう

ドイツのハイパーインフレ

インフレとは、お金の価値が下がること。お金の価値が下がると、モノの値段が上がるよ。このインフレが猛烈な勢いで進むことを**ハイパーインフレ**というんだ。

●ドイツ紙幣が紙くずに

第一次世界大戦に負けたドイツは、フランスとベルギーに対して、**多額の賠償金の支払い**と、ドイツ西部のルール地方で産出する石炭を無償で供給することを求められました。

しかし、財政が厳しく賠償金の支払いが滞ったうえ、採炭能力が低下していたため、供給できた石炭は決められた量の半分以下でした。

このような状況のため、1923年4月、**フランスはルール地方を占領し、ベルギーもこれを支持**しました。

これを発端としてドイツでは、それまで進みつつあった**インフレが加速**。6月までにお金の流通量は第一次世界大戦前の2000倍にも増え、物価水準は**2万5000倍**を超えてしまいました。簡単な買い物にも大金が必要になり、パン1個が1兆マルクにもなったほど。そのため、100兆マルク紙幣も発行される事態となりました。この時期のマルクは「パピエルマルク（紙くずのマルク）」と呼ばれました。

このドイツのハイパーインフレは、11月15日にレンテン銀行が銀行券「**レンテンマルク**」を発行したことで停止しました。レンテンマルクは正式な通貨ではありませんでしたが、不動産や工業機械を担保とするレンテン債権と交換することができました。

ひとくちメモ 「インフレ」の語源は「インフレーション（inflation）」膨張、膨満、水増しなどの意味の英語なんだ。経済の世界でのインフレ

私たちの普段の生活の中でも、モノの値段は少しずつ変化しています。「最近、野菜が値上がりしているね」「バーゲンでセーターが値下げになっていた」などと話すこともあるでしょう。こういった値段の変化は「天候不順で野菜があまりとれなかったから」とか「売れ残っていた商品を早く売ってしまいたいから」といったことが理由です。お金の価値が変化しているわけではありません。

一方、お金の価値が下がってしまい、同じものでも、それまでよりたくさんお金を出さないと買えなくなってしまった状態をインフレーション（インフレ）といいます。インフレが急激に進むと、お金は紙くず同然の価値しかなくなり、社会は大混乱に陥るのです。

●ハイパーインフレのドイツで起きたこと

これら全部が本当に起きたことかどうかはわからないけど、こういった話が生まれてもおかしくないほど、激しいインフレだったんだね。

●ドイツの郵便料金の移り変わり

料金改正日		郵便料金
1922年	1月 1日	2
	7月 1日	3
	10月 1日	6
	11月15日	12
	12月15日	25
1923年	1月15日	50
	3月 1日	100
	7月 1日	300
	8月 1日	1,000
	8月24日	20,000

料金改正日		郵便料金
1923年	9月 1日	75,000
	9月20日	250,000
	10月 1日	2,000,000
	10月10日	5,000,000
	10月20日	10,000,000
	11月 1日	100,000,000
	11月 5日	1,000,000,000
	11月12日	10,000,000,000
	11月20日	20,000,000,000
	11月26日	80,000,000,000
	12月 1日	100,000,000,000

わずか2年の間に500億倍

郵便料金は国内書状（50gまで）の料金（マルク）

●ハイパーインフレの状態とは

ハイパーインフレの状態であまりにも物価が上がりすぎてしまうと、高額紙幣でも紙くず同然の価値しかなくなってしまうことがあります。

どのような状態をハイパーインフレというかについては、
・3年間の累計インフレ率が100％を超えた場合
・月のインフレ率が50％を超えた場合
——など、いくつかの考え方があります。
（1年間に物価が1％上昇したとき、インフレ率が1％と表す。）

は、正確には、monetary inflation.「金銭的な膨張」ということだね。

act.2 お金と経済

お金が紙くずに変わる日 ②

私たちが「使えて当然」と思っている紙幣。もちろんその信用があるからこそ、お金として使えるわけですが、ある日突然、お金が使えなくなってしまうことがあるのです。

日本の新円切り替え

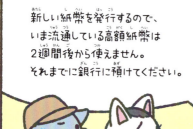

ひとくちメモ　景気が一気に後退し、大規模な企業倒産や失業などが相次いで発生し、経済が混乱に陥ることを恐慌というよ。好景気のときに

現在の通貨制度のもとでは、中央銀行が発行した「銀行券」がお金として使えることを、その国の政府が保証しています。しかしそれは、反対に考えれば、政府が保証をやめてしまったらお金としては使えず、紙くず同然になってしまうということでもあります。
　もしそんなことをしたら、その国に対する信用はあっという間に失われてしまいます。めったに起こることではありませんが、お金の価値が下がるインフレがひどくなった場合や、偽札、脱税の横行、政情不安などでお金に対する信用が著しく低下した場合には、そのお金の使用に何らかの制限をかけるなどして体制を立て直すということが、何度か行われてきています。

インドの紙幣廃止

もとの紙幣が廃止されたら、偽札も使えなくなってしまうね。

脱税した人は、お金を銀行に預けるとバレてしまうので、現金で隠し持っていることが多かったんだ。

日本でも第二次世界大戦後、物不足が続く一方、旧軍人への退職金支払いなどにより市場に出回るお金が増加。ハイパーインフレ状態に陥っていたよ。そこで政府は流通するお金の量を減らすため、1946年2月16日、新円への切り替えと預金引き出しの制限などを発表したんだ。

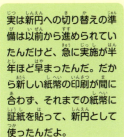

実は新円への切り替えの準備は以前から進められていたんだけど、急に実施が半年ほど早まったんだ。だから新しい紙幣の印刷が間に合わず、それまでの紙幣に証紙を貼って、新円として使ったんだよ。

証紙

お金と経済

設備投資が進むことで生産が過剰となり、価格が暴落することによって起きるといわれているよ。

31

第1章 お金のはなし

act.2 お金と経済

キャッシュカードとクレジットカード

金融機関のキャッシュカードと、カード会社のクレジットカードはよく似ていますが、どのような違いがあるのでしょうか。

いろいろなカード

キャッシュカード

キャッシュカードは、銀行などの金融機関に口座をもっている人がATM（現金自動預け払い機）で現金を引き出すことができるカードだよ。ATMは、金融機関だけでなく駅やコンビニエンスストアなどにも設置されているから便利だね。

クレジットカード

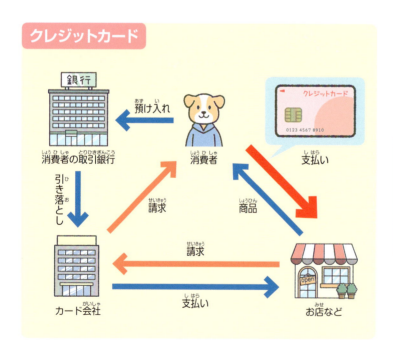

クレジットカードは後払い（つけ払い）ができるカードだよ。クレジットカード会社が先に支払ってくれて、あとから銀行口座からの引き落としで支払われるんだ。後払いなのでついつい使いすぎてしまい、あとで支払いに困ってしまう人もいるよ。

ひとくちメモ 「1950年、アメリカのマクナマラ氏は財布を忘れてレストランに行った経験から、クレジットカード会社『ダイナースクラブ』

現代はカード社会といわれるように、銀行での手続きや買い物をしたときの支払いなど、さまざまな場面でキャッシュカードやクレジットカードが使われます。
キャッシュカードは銀行が発行するもので、通帳がなくてもATM（現金自動預け払い機）でお金を預けたり、引き出したり、振替の手続きなどができるカードです。

クレジットカードは、買い物の支払いなどに使うと、後からカード会社を通じて支払いをするカードです。
キャッシュカードは口座に入っているお金以上に使うことはできません。クレジットカードは後払いなのでそのときに口座にお金がなくても使えて便利ですが、支払い能力以上に使ってしまう危険性もあります。

デビットカード

デビットカードとクレジットカードの違い

デビットカード
- 一括払いしかない
- すぐに口座から引き落とし
- 口座の残高が把握できる

クレジットカード
- 分割と一括払いが選べる
- 翌月に口座から引き落とし
- 口座の残高が把握しにくい

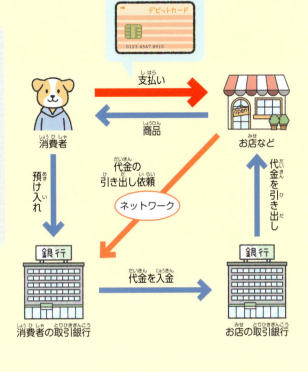

デビットカードは買い物のときにクレジットカードと同じように使えるよ。違いはネットワークを通じて、そのときにすぐに銀行口座から引き落とされること。ただし、そのときに口座にお金が入っていないと使えないよ。

一体型カード

こちらの向きにATMに入れるとキャッシュカードとして使える

こちらの向きにATMに入れるとクレジットカードとして使える

キャッシュカードの中には、クレジットカードの機能をもっているカードもあるよ。ATMに入れる向きによって使い分けるよ。

キャッシングできるクレジットカード

クレジットカードの中には、銀行のATMでキャッシング（借り入れ）ができるカードもあるよ。

キャッシュカードとまちがってキャッシングしてしまうと、あとで金利を加えた金額の返済をしなければならなくなるよ。

を作った」という話があるけれど、19世紀の終わりごろにはクレジットカードの原型があったといわれているよ。

第1章 お金のはなし

act.2　お金と経済

プリペイドカード

買い物をするとき、現金ではなく電子マネーや商品券で支払うこともあります。これらはプリペイドカードとよばれます。プリペイドカードには、どのようなものがあるのでしょうか。

お金ではないお金、プリペイドカード

紙型

具体例　百貨店共通商品券、ビール券など

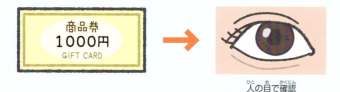

「プリペイド」とは「前払い」という意味だよ。前払いにもいろいろなものがあるけれど、前払いした金額をどうやって記録しておくかで分類することができるよ。

商品券やビール券などは紙に金額などが印刷されていて、その金額分のお金のかわりに使うことができるよ。お釣りなどはもらえないことも多いよ。

磁気型

具体例　QUOカードなど

テレホンカードやQUOカードなどは磁気でお金の残高などの電子情報（バリュー）を記録するよ。残高がなくなるまで、繰り返し使うことができるよ。

IC型

具体例　楽天Edy、Suica、nanaco、waon、pasmoなど

SuicaのようなIC型は、カードに埋め込まれたICに残高などの電子情報（バリュー）を記録するよ。ICにはとても多くの情報を書き込めるので、鉄道の座席指定券として使ったり、企業の社員証の機能をもたせたりすることもできるよ。

ひとくちメモ　プリペイドカードが紙型、磁気型、IC型と変化してきたのは、情報量や使い勝手の良さはもちろんだけど、偽造防止も大きく

34

毎日の買い物に現金を使うことが減ってきています。クレジットカードや電子式プリペイドカードなどが普及してきたからです。

現金での支払いでは、しばしば銀行に行って現金を引き出すか、自宅にある程度置いておかなければなりません。また、小額の買い物にお札しか持ち合わせがなくて困ったり、反対にお釣りの小銭がたまってしまったりします。

現金以外で支払う買い物は便利ですが、現金に比べてお金を使う感覚がうすいためつい使いすぎてしまったり、残高がわかりにくいため使いたいときに使えなかったりといったことも起こりやすいので注意が必要です。

お金と経済

サーバ型

具体例 スターバックスカード、Amazonギフト券、Webmoney、BitCashなど

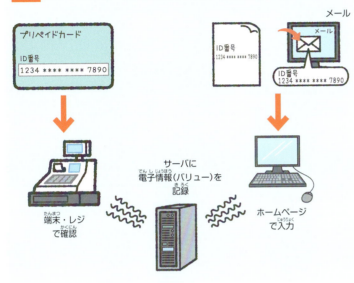

コンビニなどで売っているスクラッチ式のプリペイドカードは、インターネットでつながったサーバに残高などの情報を記録しているよ。ID番号だけで決済できるから、インターネット上での決済などのときにも便利だね。

いま忙しくてコンビニに行けない。私のかわりにコンビニでカードを買って、番号だけ教えて！

イヒヒ

現金以外で決済する割合の多い国は？

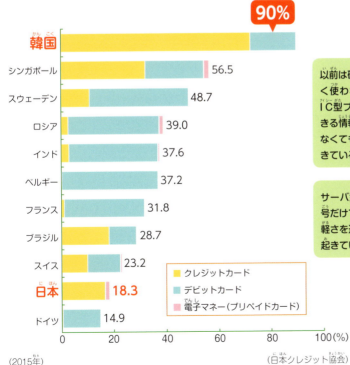

国	%
韓国	90%
シンガポール	56.5
スウェーデン	48.7
ロシア	39.0
インド	37.6
ベルギー	37.2
フランス	31.8
ブラジル	28.7
スイス	23.2
日本	18.3
ドイツ	14.9

凡例：クレジットカード／デビットカード／電子マネー（プリペイドカード）

(2015年) （日本クレジット協会）

以前は磁気型プリペイドカードが多く使われていたけれど、最近ではIC型プリペイドカードが、記録できる情報量が多く、機械の中を通さなくても使えるため、広く普及してきているよ。

サーバ型プリペイドカードはID番号だけで使えて手軽だけど、その手軽さを逆手に取った詐欺事件なども起きているから、注意が必要だね。

韓国は何と90%以上が何らかのカードを使った決済。現金を使うのが珍しいほどなんだね。

関係しているよ。特に磁気型は、比較的簡単に偽造できたため社会問題になったこともあるんだ。

act.2 お金と経済

これからの通貨・仮想通貨 ①

「仮想通貨」が広がっています。仮想通貨とはいったいどのようなものなのでしょうか。また、これまで発行されてきた実際の通貨とはどのような違いがあるのでしょうか。

仮想通貨とは

仮想通貨とは、特定の国家による価値の保証を持たない通貨のこと。

仮想通貨の多くは、暗号理論を用いて電子的に発行されるよ

日本の「資金決済に関する法律」では、このように仮想通貨を定義としているよ。

仮想通貨の定義
・インターネットを通じて、不特定多数の人々との間で、モノを買ったりサービスを受けたりしたときの**支払いに使える。**
・実際に発行されている**通貨と交換できる。**

実際の通貨と電子マネー、仮想通貨との違い

	実際の通貨	電子マネー	仮想通貨
発行	国（中央銀行）	各事業者	プログラム（プログラムに従ってマイニングを行っている一人ひとり）
発行の限度量	なし	なし	あり
管理	国家	各事業者	プログラム、世界中の利用者
紙幣・貨幣	あり	間接的にあり	なし
実際の決済	使える	使える	使える
信用力	国家の信用	企業の信用	技術の信用

実際の通貨と仮想通貨の最も大きな違いは、発行と管理が国によって行われているかいないかだよ。インターネットの発達によって、国や国境の意味が変化しつつある中で、国によって管理された通貨制度にしばられない新しい通貨を望む人々が増え、仮想通貨が生まれたんだ。

ひとくちメモ 「初めて仮想通貨が現実に使われたのは2010年。アメリカのピザ店がピザ2枚を10,000BTCで売った」という話が広まってい

コンピューターやプログラミングの技術の進歩とインターネットの発達によって、仮想通貨が生まれました。

仮想通貨は、これまでのような国家（中央銀行）が発行した実際の通貨（法定通貨）と違い、プログラムによって発行されたものです。紙幣や貨幣のような「形」がないので幻のお金のように思えますが、データとしてそこに「ある」のです。

仮想通貨も実際の通貨と同じで、勝手にどんどん作り出すことはできません。また、国家が関与していなくても、全世界の人々がインターネット上で「監視」することができるしくみ（ブロックチェーン）を持っています。これらによって、「通貨」としての信用を得ているのです。

仮想通貨の発行のしくみ

[金の場合]

[仮想通貨の場合]

●仮想通貨の発行や管理などの運用

仮想通貨の発行や管理などの運用は、コンピューターによる膨大な**計算**によって成り立っています。その計算は1つのコンピューターで行っているのではなく、世界中のコンピューターによって行われています。

この運用のための計算にコンピューターを提供する（インターネット経由で使えるようにする）と、その報酬として発行された仮想通貨を受け取ることができます。

金などの貴金属を採掘して報酬を受け取ることに似ているから、「**マイニング**」（採掘）と呼ばれています。

「マイニング」は、インターネットにつながったコンピューターさえ持っていれば誰でも参加することができるけど、安い電力と高速で動くコンピューターを使わないとなかなか採算が合わないと言われているよ。だから最近では専門の企業などが行っていることが多いんだ。

用語チェック

ブロックチェーン ▷ ビットコインなど、仮想通貨が生み出されるもととなった技術のこと。せまい意味でのブロックチェーンは、「AさんからBさんに◯BTCを送金した」「CさんからDさんに△BTCを送金した」といったトランザクション（取引）の情報を「**ブロック**（固まり）」にして、それを「**チェーン**（鎖）」でつないで集めたもののこと。このブロックチェーンを参加者全員で共有し、それぞれがコピーを保有することによって、取引記録をこっそり書き換えるといった不正行為を阻止する。この技術があみ出されたことによって、ビットコインなどの仮想通貨が生まれた。

るけど、「ビットコインでピザを交換しよう」と言われた友人が10,000BTCを受け取る一方、現金でピザを買ってあげたというのが真相なんだ。

act.2 お金と経済

これからの通貨・仮想通貨 ②

新しく生まれた仮想通貨は、これまでの実際の通貨にはなかった長所があります。しかしその一方で、注意が必要なこともあります。仮想通貨の長所と短所を見てみましょう。

仮想通貨の長所と短所

● 仮想通貨は国の政策や都合の影響を受けにくい

ひとくちメモ　日本の大企業や銀行も仮想通貨に続々と参入しているよ。仮想通貨が急速に普及すると考えている人が多いからなんだ。クレジ

仮想通貨には、これまでの通貨と比べて、さまざまな長所があります。

最大の長所は、国などの影響を受けにくいということです。仮想通貨は国が発行・管理しているものではないため、国などの思惑に左右される危険が少ないのです。また、実際のお金に比べて、送金が簡単に行えることも大きな特徴です。とくに国境をまたいでのやりとりでは、所要時間の面でも手数料の面でも、非常に便利です。

その一方で、実際に使える店舗がまだ限られているといった不便さもあります。

また、投機的な目的で売買されるケースも多く、相場に不安定さが残っている点にも注意が必要でしょう。

●仮想通貨は送金が簡単

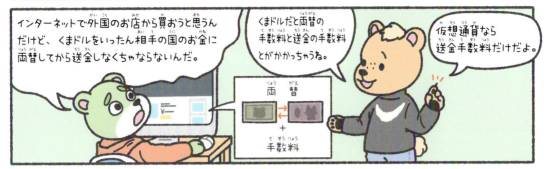

仮想通貨は、国境が関係なくそのままインターネットを経由して送ることができるので、手間がかからないし、手数料などもあまりかからないよ。

●仮想通貨は、急に値上がりしたり値下がりしたりすることがある

仮想通貨の価値が認められて多くの人がほしがるようになり、仮想通貨の価格が上がってきたんだ。すると、「仮想通貨は儲かる」と考えた人が投機目的で買うようになり、価格が乱高下することも起きているんだ。

仮想通貨は国などの管理や干渉を受けにくい半面、保証なども受けられないよ。管理や取引がインターネット経由で行われるため、ハッキング（コンピューターへの不正侵入）などの被害にあうおそれもゼロではないよ。

ットカード決済で事業者側が負担している手数料（5％程度）が、仮想通貨決済だとほぼ不要になるのも、企業にとっては大きなメリットだね。

act.2 お金と経済

いろいろな仮想通貨とビットコイン

仮想通貨には、どのようなものがあるのでしょうか。また、代表的な仮想通貨であるビットコインとは、どのような特徴をもっているのでしょうか。

🟠 いろいろな仮想通貨

ビットコイン
- 単位：BTC
- 世界で最初に生まれ、市場規模も最大の仮想通貨。

イーサリアム
- 単位：ETH
- 19歳のヴィタリック・ブテリンが創設。プロジェクト・イーサリアムから生まれた。日本の銀行、自動車会社なども研究に参加。

リップル
- 単位：XRP
- Googleの子会社などが出資するリップル社によって中央集権的に発行。決済スピードが速く、通貨間の橋渡しとなる「ブリッジ通貨」の機能をもち、世界中の主要金融機関が提携を進めている。

ビットコインキャッシュ
- 単位：BCH
- 世界最大マイナー・ビットメイン社のCEOジハン・ウー氏がビットコインからの分岐を宣言し、生まれた。一度に大量の取引データを処理することが可能。

ライトコイン
- 単位：LTC
- ビットコインと並び歴史と信頼がある仮想通貨。取引承認スピードがビットコインの約4倍。開発者は「ビットコインが金貨なら、ライトコインは銀貨」と表現。

カルダノ
- 単位：ADA
- 2017年10月に誕生したばかりの仮想通貨。カルダノ財団により提供される「オンラインカジノ」で使われる予定の仮想通貨。日本ではオンラインカジノは違法。

ステラ
- 単位：XLM
- 2014年7月31日にマウントゴックスの創業者で、リップルの開発者であったジェド・マケレブ氏がリップルをもとに開発した仮想通貨。個人を対象にした送金・決済システム。

アイオタ
- 単位：MIOTA
- ブロックチェーンを使わず、IoT (Internet of things/物のインターネット) に特化した、新しい仮想通貨。

イーサリアムクラシック
- 単位：ETC
- イーサリアムプロジェクトで作られた仮想通貨・THE DAOが当時のレートで約52億円盗まれたことをきっかけに、2016年にイーサリアムから分裂して登場した仮想通貨。

ネオ
- 単位：NEO
- 「中国のイーサリアム」と呼ばれる仮想通貨。2017年に名称を「Antshares (ANS)」から変更した。中国の巨大IT企業アリババなどが関与しているともいわれている。

ネム
- 単位：XEM
- 新規発行の際にマイニングでなくハーベスティングというしくみを用い、大量の電力を使わないことが特徴。2018年の大量流出事件で注目された。

> 仮想通貨というとビットコインが有名だけど、全部で約1600種類（2018年2月現在）もあるんだよ。特徴もそれぞれちがうし、リスクの度合いもちがうから、注意しなければならないね。

🟠 仮想通貨市場での時価総額の内訳

約14兆円がビットコイン！

- BTC 36%
- ETH 21%
- XRP 8%
- その他 35%
- 約40兆円

2018年2月8日現在

> 2018年2月現在、時価総額で考えた場合、世界で流通している仮想通貨のおよそ3分の1はビットコインなんだ。仮想通貨はビットコインの一人勝ちかと思われていたんだけど、イーサリアム (ETH) や、リップル (XRP) なども伸びてきていて、今後どうなるかはまだまだわからないよ。

ひとくちメモ ビットコインなどの仮想通貨を買うときには、「仮想通貨取引所（法律上は「仮想通貨交換業者」）」と呼ばれる業者を利用するけ

実体のない仮想通貨が、「お金」として流通し始めているのは、「仮想通貨」というしくみが信頼できるものだと考えられているからです。このしくみのもととなったのが、「ビットコイン」という言葉を最初に使った、ある論文でした。この論文は、仮想通貨のやり取りを公開の形で保存するブロックチェーンという技術と、それを特定のコンピューターなどではなく、ネットワークにつながったさまざまな端末で管理するしくみについて書かれたものです。以前にも仮想通貨がありましたが、世界に広がり、現実社会での経済活動にも使えるようになったという意味では、ビットコインが事実上世界初の仮想通貨だといっていいでしょう。

ビットコインとは

- 現在、世界で最も時価総額が大きい仮想通貨。急激に価値が拡大
- 2008年に、サトシ・ナカモトと名乗る謎の人物による論文で初めて、紹介された。
- 単位は「ビットコイン」。
- 仮想通貨は「ビットコイン一強」とも見えたが、他の仮想通貨の追い上げも受けている。
- 日本では2018年3月現在、約250のお店と、約70の通信販売などで、実際に使うことができる。

ビットコインが初めて紹介された論文を発表した「サトシ・ナカモト」は、日本人の名前のように見えるけど、本当にそうなのかはわかっていないんだ。複数の人物がペンネームを使い共同で書いた可能性もあると考えられているよ。

●1ビットコイン（BTC）の値段（ドル）の推移

約2万ドル！

流通しているビットコインのすべてをアメリカドルに換算した場合の金額の移り変わり

(coinmarketcap)

ビットコインの時価総額が2017年に入ってから急激に伸びたのは、ビットコインをほしがる人が増えたからだよ。でも、2017年の後半になると今度は急激に下がり、ピーク時の半分くらいになっているね。

仮想通貨の賢い使い方

仮想通貨はリスクを理解して使うことが大切！

●盗まれることがある。
- インターネット上のウォレット（ホットウォレット）は、出金や送金は便利だが、ハッキングなどの被害にあうおそれがある。
- インターネットと切り離したウォレット（コールドウォレット）は、出金や送金には不便なこともあるが、ハッキングなどの被害は受けにくい。
- ただし、コールドウォレット自体を盗まれたり、のぞき見されたりしてしまったら同じ。現金やキャッシュカードの暗証番号と同様な厳重な管理が必要。

●価値が下がることがある
- 仮想通貨はまだ発展途上のため、投機的な売買が行われている側面が強い。価値が上昇する可能性がある一方で、暴落する恐れも同じ程度あることを理解しておく必要がある。
- 値上がりを期待しての投資や、貯蓄目的での利用は慎重に行う。

●なくしたときや、誤送金に対する補償がない
- コールドウォレットをなくした場合、再発行などは難しい。また、送金の場合も途中に銀行などが介在しないため、一旦送金してしまうと、途中で取り消すことができない。
- 現金のような「もの」ではないが、現金と同じ感覚で管理する必要がある。

用語チェック

ウォレット▷本来の意味は「財布」。ビットコインなどの仮想通貨は財布に入れる「お金」はないが、所有しているビットコインを扱うための「暗号キー」を保管しておく。

ホットウォレット▷オンラインネットワーク上におかれたウォレット。ホットウォレットにアクセスするのにもパスワードなどが必要だが、オンライン上にあるため、不正アクセスの被害にあいやすい。

コールドウォレット▷ネットワークから完全に切り離されたコンピューターや、紙、電子端末などに暗号キーを保存（記載）したもの。暗号キーは非常に長い数字とアルファベットの羅列で構成されているため、手作業で紙に書いたり、打ち込んだりすることは現実的ではないため、QRコードなどを使うことが多い。

ど、町に「取引所」があるわけではなく、インターネット上で手続きをするんだ。

第1章　お金のはなし

act.3　モノの価格

青果市場の中にある八百屋さんの店先です。さまざまな野菜や、色鮮やかな果物が店頭をにぎわせています。サツマイモが1箱単位で売られているのは、町の八百屋さんや飲食店が、仕入れていくからでしょう。

　ところで、私たちがコンビニでパンを買うときの値段は、1年中ほぼ同じです。ときどき安売りをすることもありますが、大きく変わることはありません。

　では、野菜などではどうでしょう。「今日はダイコンが安かった」「最近、ホウレンソウが高い」などといいますね。1個150円ぐらいで買えていたレタスが、天候の影響などで500円以上に値上がりした……なんていうニュースを見たことがある人もいるでしょう。

　また、閉店時間が近づくと「リンゴ3個500円だけど、4個500円でいいよ」とか、「1パック400円のイチゴを300円に値下げするよ」といった具合に、1日の中でも値段が変化することがあります。

　モノの価格とは、いったいどうやって決まっていくのでしょうか。

第1章 お金のはなし

act.3 モノの価格

モノの値段はどうやって決まるのか

「今日はアジが安かった」「最近、野菜が高くて困る」などと言います。では、モノの価格はどうやって決まるのでしょうか。また、どうして変化するのでしょうか。

需要供給曲線

↑ 値段が上がる

↓ 値段が下がる

需要よりも供給が少ない　　需要よりも供給が多い

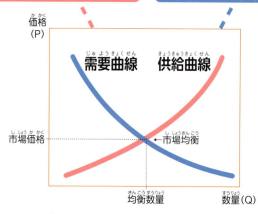

需要と供給のどちらが多いかによって、価格が上がったり、下がったりするんだよ。

はみだし経済ノート

「イチキュッパ」で「安さ」を強調

スーパーマーケットの折り込みチラシを見ていると、「298円」「1980円」といった「98」のついた価格をよく見かけます。
　冷静に考えれば、298円はほぼ300円、1980円はほぼ2000円なのですが、わずかに安くすることによって、消費者が「お得感」を感じ、買いたくなるように考えられた価格なのです。
　このように価格は、消費者がどのようなイメージを持つかとも関係しています。

98円均一セール	
だいこん 1本 **98円**	にんじん 1袋 **98円**
きゅうり 1パック **98円**	レタス 1個 **98円**

ひとくちメモ　日本では消費者にお得感を感じてもらうために「1980円」のように端数の末尾を「8」にすることがよく見られるけど、アメリ

モノの価格は、それをつくるためにいくらかかったのかという「原価」だけで決まるわけではありません。たとえば需要よりも供給が多すぎると、価格は下がってしまいます。ただし、価格は需要と供給の関係だけで決まるわけではありません。たとえば買い手が見たときに「この商品はこの価格に見合った価値がある」と感じたら、その価格で商品が売れます。価格とは、その商品や売り手、買い手をとりまくさまざまな条件や状況が関係して決まっていくのです。

また、インターネット・オークションなどでは、競りあうことで価格が高くなりすぎることもあります。その価格が適正なのかどうかを見極める目が必要です。

「競り」と「相対取引」

●競り

このキャベツいくらで買う？
いちばん高い人に売るよ！

100円！　200円！

では向こうの方。

「競り」とは、市場などで売るモノに対して買いたい人が価格をつけていき、最も高い価格をつけた人が買うことができる売買方法。

●相対取引

このキャベツ200円でいかがですか？

もう少し安くなりませんか？

では150円にしましょう。

相対取引とは、市場を通さずに、売る人と買う人とが直接交渉して価格や条件を決める売買方法。

「独占価格」と「統制価格」

●独占価格

カルテル　　トラスト　　コンツェルン

吸収・合併・買収

同じ業種の企業どうしが、協定を結んで、生産量や価格などを取り決める独占の形態。

同じ業種の企業どうしが、合併・買収などで1つの企業になり、市場の支配力を強める独占の形態。

親会社を中心に、異なる業種の企業が結びつき、市場の支配を強める独占の形態。

●統制価格

おもな公共料金

国会や政府が決定するもの	社会保険診療報酬、介護報酬
政府が認可・上限認可するもの	電気料金、鉄道運賃、都市ガス料金、乗合バス運賃、高速自動車国道料金、タクシー運賃
政府に届け出るもの	電気通信料金（固定電話の通話料金など）、国内航空運賃、郵便料金（手紙・はがき）
地方公共団体が決定するもの	公営水道料金、公立学校授業料、公衆浴場入場料、印鑑証明手数料

カルテル、トラスト、コンツェルンなど、特定の企業の独占によって決められた価格を独占価格というよ。独占は、独占禁止法で厳しく制限されているんだ。

政府などによって決められた価格を「統制価格」というよ。

act.3 モノの価格

モノの価格に含まれているもの

お店で品物を買うとき、その値段に含まれているのはそれを作るのに必要な材料の値段だけではありません。モノの価格にはどのようなものが含まれているのか見てみましょう。

お店での販売価格に含まれているもの

税金 販売価格に対して、一定の割合で「消費税」がかかります。

お店は、利益を出さないと、次の仕入れができないよ。

販売に関する費用

●販売店の家賃などの費用
建物を借りたり、テナントとしてビルに入ったりしている場合は、家賃がかかります。自分で建物を建てたり買ったりした場合には、その建設費や購入費がかかります。

●販売店の光熱費などの費用
お店の電気代や水道代など。お店では照明や冷暖房などに多くの電気を使います。

●販売店の人件費
店員さんには給料を支払わなければなりません。

●販売店の利益
最後に利益が出ないと、商売を続けることができません。

お店での販売価格

税金 / 製造に関する費用 / 物流に関する費用 / 販売に関する費用

ひとくちメモ　航空運賃にもさまざまな費用が含まれているね。そのうち燃料（石油）は輸入に頼っていて、原油価格の変動や為替レートによ

私たちが買う商品は、その品物を作ることから始まって、多くの段階をふみ、多くの人の手を経て届けられます。そのための費用もかかっています。

私たちが品物を買うときの価格には、それらが含まれているのです。

下の図は、その中のおもなものを書きだしたものです。

製造と物流、販売は別々の企業であることが多いので、人件費や利益もそれぞれに必要になります。また、実際には製造や物流を複数の企業で行っていたり、製造と物流の間に卸会社（問屋）が入っていたりします。

このように、私たちが払う品物の価格には、多くの費用が含まれているのです。

製造に関する費用

●材料などの費用

材料などを仕入れるための費用。

●機械などの費用
製造に使う機械を買ったり作ったりすることにもお金がかかります。

●製造するための人件費
工場などで働く人に給料を支払わなくてはなりません。

●燃料などの費用
機械を動かすためには、燃料や電気などが必要です。

品物が作られてから私たちが買うまでの間には、さまざまな費用がかかるんだね。

モノの価格

ポテトチップス

物流に関する費用

●倉庫の費用
作ったものを一時的に保管しておくためには、倉庫を借りるか、建てなければなりません。

●輸送費
作ったものを運ぶためには、輸送費がかかります。

って大きく変化してしまうんだ。そこで、運賃のほかに燃料の値上がり分を調整する「燃料サーチャージ」を支払うことがあるよ。

47

act.3 モノの価格

サービスの値段

お金を払って買うのは、形のある「モノ」だけとは限りません。私たちは形のない「サービス」も買って生活しているのです。

商品（モノ）と形のない商品（サービス）

ふつう、買い物をしてお金を払うと、買った商品（モノ）が手元に残るね。でも、お金を払ってコンサートを聴いたときにはどうだろう。聴き終わったあとには手元に何も残らないね。お金を払ったからといって、必ずモノのやりとりがあるというわけではないんだ。このように、お金を払うと提供されるモノ以外のことをまとめて「サービス」と呼ぶんだ。

ひとくちメモ 「サービス（service）」という英語は、奉仕、役に立つこと、助け、尽力、骨折りなどの意味があるよ。この英語の語源はラテ

「サービス」というと、「おまけ」とか、「特別待遇」のようなイメージがありますが、経済の世界ではモノのやり取りの伴わない業種のことをまとめて「サービス業」といいます。

病院や学校なども、利用するためにお金を払わなければなりませんが、お金を払ったからといって何かモノが手元に残るわけではありません。現代社会において「サービス業」に分類される業種は、たくさんあります。最近では生活のさまざまな場面でコンピューターを利用することも増えていますが、そういったサービスを提供する会社も新しいサービス業として、今後増えていくかもしれません。

いろいろなサービス業

ホテル・旅館

クリーニング

理髪・理容

銭湯

葬儀

探偵

自動車修理

駐車場

映画館

病院

獣医

弁護士・会計士

学校・幼稚園

宗教

はみだし経済ノート

モノのやりとりのない「サービス」5つの特徴

「サービス」には、次のような特徴があるとされています。

- 同時性…売り買いした後にモノが残らず、生産されるのと同時に消費される。
- 不可分性…生産と消費の場所や時間を切り離すことができない。
- 不均質性／変動性…品質が常に一定ではない。
- 無形成／非有形性…触ることができず、購入前に見たり試したりすることができない。
- 消滅性…とっておくことができない。

すべてのサービスがこれらの特徴のすべてをもっているわけではありませんが、「形」のない「サービス」の特性が表されています。

日本の産業分類では、産業を「農業，林業」「漁業」「建設業」「製造業」「運輸業，郵便業」「卸売業，小売業」「金融業，保険業」「不動産，物品賃貸業」「公務」など20に分類していて、そのうちの19に分類されないものを「サービス業」としているよ。

第1章 お金のはなし

act.3 モノの価格

安ければ売れるのか

モノの値段は、基本的には需要と供給によって決まりますが、どんなときでも安ければ売れるのでしょうか。消費者はどのような理由で「買う／買わない」を決めているのでしょうか。

🍊 適正価格

● 安すぎると売れない？

● 適正価格だと売れる？

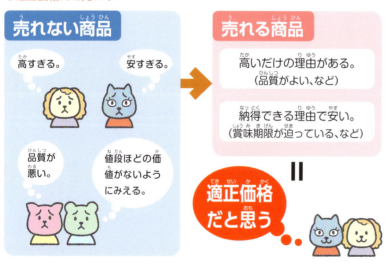

私たちは、モノの価格だけで買うか買わないかを決めているわけではありません。安いからという理由だけで買ってしまうと、期待しているよりも悪いもので、かえって損をしてしまうこともあるからです。私たちは無意識のうちに、商品の質と価格のバランスを考えながら、買うか買わないかを決めているのです。

ひとくちメモ 「こんなにいいものなんだから、売れて当然」と思っていても、買う人が必要としていなかったり、欲しいと思うものとすれて

私たちは買い物をするとき、その価格が商品に見合った適正な価格かどうかを見極めています。自分が考えているよりもあまりに価格が安すぎると、「本来のものよりも質が悪いのではないか」といった疑いを抱き、買うことに抵抗を感じてしまうことがあります。

価格を下げることだけでお客を集めようとすると、本来の価格では買ってもらえなくなったり、売れても利益がほとんど出なくなってしまったりします。価格と売れ行きは密接に関係していますが、安さだけで売ろうとすると弊害も多いのです。そこで、多少高くても商品の質を良くすることで満足感を高め、より多くの人に買ってもらおうとする企業もあります。

価格競争

価格以外での差別化

高級ハンバーガー

リゾート列車

手軽な食品の代表であるハンバーガーだけど、他の店よりも価格が高くなっても良い商品を出すことで成功したお店もあるよ。旅行代金の高い豪華な列車を走らせることで、新たな需要を掘り起こした鉄道会社もあるね。

いたりしたら売れないね。どんなものが、どんな値段だったら売れるのかを調べることを「マーケティング」というんだよ。

偽札との戦い

COLUMN 1

●イギリスでは死刑だった偽札作り

世の中には「自分でお金を作ってしまおう」と考える人がいます。

でも、あなたが自分で作った1万円札をお店に持って行って「私が作った1万円札です」と言ったところで、受け取ってはくれません。お金は本物だからこそ、価値があるのです。

そこで、偽札を作ろうとする犯罪者は、本物と見分けがつかない、そっくりのものを作ろうと考えます。目で見たようすだけでなく、自動販売機などの機械のセンサーさえだませる偽札です。

偽札は紙幣が発行されるようになった昔からありました。見つかれば重罪で、たとえばイギリスでは19世紀まで、死刑が科せられました。現在の日本では、無期または3年以上の懲役が科せられます。

偽札が出回ると、「このお金は本当に本物だろうか」と人々が疑心暗鬼になってしまいます。中には、たとえ本物のお金を使おうとしても「このお札は危ないから受け取らない」と拒否されてしまう人もいるでしょう。そうなると、その国の紙幣全体の信用がくずれ、経済が大混乱に陥ってしまうことでしょう。だからどの国でも、どの時代でも、偽札に対する刑罰は重いのです。

●偽造防止の工夫

簡単に偽札を作ることができないよう、お札にはさまざまな工夫がされています。

有名なのは「すかし」でしょう。絵柄などが印刷されていない白い楕円の部分を光にかざすと、肖像画が見えます。これが、「すかし」です。日本の紙幣に使われる「すかし」は、濃淡を表現できる「黒すかし」という特殊なもので、簡単にまねすることができません。現在の1万円札では、まん中の楕円の部分だけでなく、表面の右側、福沢諭吉の肖像画の横にも縦3本の「すかし」が入っています。

「すかし」以外にも偽造防止の工夫はいろいろあります。

たとえば日本の1万円札では、「壱万円」の文字や肖像画、「10000」の数字は、触ってみると盛り上がっている特殊な印刷です。また、左下には、角度を変えると数字、桜、日本銀行のマークと絵柄が変わるホログラムがついています。

さらに、絵柄の中に目では見えない1ミリ以下のマイクロ文字が印刷されています。最近では、コピー機の性能も良くなってきていますが、さすがにこれだけ小さい文字は、コピーするとつぶれてしまいます。このほかに、角度を変えるとピンク色に見えるパールインキや、紫外線にあてないと見えない、特殊なインキも使われています。

日本は、世界に比べてクレジットカードが普及していないと言われていますが、それは、偽札が少ないことも関係しています。偽札が多いと、現金をやりとりするときには本物かどうか注意をしなければなりません。クレジットカードにはその心配がないので、偽札が多いとカードを利用する人が増えるのです。日本で現金を使う人が多いということは、それだけ日本のお金は安心して使えるということでもあるのです。

第2章

私たちの生活と経済のはなし

銀行に貯金すると利息がつくのはなぜかな？
どうして保険に入っていると事故や病気のときにお金がもらえるの？

第2章 私たちの生活と経済のはなし

act.1 生活と経済

人の一生で一番大きな買い物は、「住宅」だといわれることがあります。確かに一戸建ての住宅を買おうとすると、土地代も含めれば安くても1000万円、都市部などでは数千万円以上といったお金が必要です。

　もし、2000万円の家を買うために毎月コツコツとお金を貯めていったらどれぐらいかかるのでしょう。毎月5万円貯めたとしても400か月、30年以上かかります。毎月の貯金額を増やせばもっと早く買えますが、家を買うまでは賃貸マンションやアパートなどに暮らすことになります。家賃も払わなければなりませんから、毎月の貯金額を増やすのは容易なことではありません。

　そこで利用されているのが住宅ローンです。銀行などから住宅購入資金を借り、毎月少しずつ返済していく制度です。もし住宅ローンの制度がなかったら、住宅を買うことができるのは、財力のあるごく一部の人に限られてしまうかもしれません。

　経済のしくみは、私たちの生活とも密接に関係しているのです。

act.1 生活と経済

個人の収入の種類

第2章 私たちの生活と経済のはなし

個人の「収入」は、給料だけとは限りません。遺産を相続したり、あいている土地や建物を貸して収入を得ることもあります。会社などに勤めていなければ、そもそも「給料」がありません。個人の収入にはどのようなものがあるのでしょうか。

🟢 サラリーマンの所得とは

給与所得
会社に就職して得た給料やボーナスです。

●給与
会社などの勤務先から受ける所得。「給料」ともいう。一般的に、契約に基づき月ごとに決まった金額を受け取ることが多い。「後払い」というとらえ方もある。

●賞与
いわゆるボーナスのこと。会社や部署、本人の実績に応じて臨時に支払われる特別給。臨時ではあるが、日本では夏と冬の年2回支給にほぼ固定化されている企業も多い。

●退職金など
会社などを辞めるときに支払われるのが退職金。勤務した年月の長さや実績に応じて変化する。「実質的には給与の後払い」というとらえ方もある。

🟢 事業主の所得とは

事業所得
お店や販売、執筆などの事業を自分で行うことによって得る収入。
会社を経営している社長さんは「事業主」と呼ばれるので、その給料は「事業所得」のように思われがちですが、社長さんも会社から給料を受け取っているので、その給料は「給与所得」です。
一方、自分で手作りした小物をインターネットで個人的に販売した場合、「事業」と言えるほどの規模ではなくても、その収入は「事業所得」です。

ひとくちメモ　日本でのボーナスの元祖は、江戸時代の「仕着」。商家などで正月とお盆に、奉公人に衣服を与えた制度だよ。今では「一方的

私たちの収入には、さまざまなものがあります。よくイメージするのは、会社や役所、団体などで働くことによって得られる「給料」でしょう。これを「給与所得」といいます。アルバイトの収入もこれにあたります。

どこかに勤めたりせず、自分で商売を行って収入を得ることもあります。これが「事業所得」です。

また、収入は必ずしも働くことだけによって得られるわけではありません。クイズに答えて賞金をもらったり、落とし物を届けてお礼を受け取ったりすることもあります。日本では所得の種類を細かく分類しています。これは、所得の性質に応じて、税金の税率や、計算方法が違ってくるからです。

その他の所得とは

利子・配当所得
預金の利子や、株式の配当も収入です。

●利子所得
銀行預金や郵便貯金、社債などの利子として受け取る収入。ただし、個人的にお金を貸したときに受け取る「利息」は、雑収入に分類される。

●配当収入
株主や出資者が、利益の配当や分配などとして受け取る収入。株式の配当金など。株式の売買による収入はこれにはあたらない。

一時所得
たまたまそのときだけ得ることができた収入。労働の対価としての収入は除きます。さまざまなものがあり、下記はその一部です。

●懸賞・賞金
「プレゼントキャンペーン」で当たったり、クイズに正解して受け取ったりする収入。

●競馬・競輪
ギャンブルの払戻金。

●生命保険の満期一時金
生命保険が満期になって受け取った一時金。

●遺失物の拾得
落とし物を拾ったことに対する謝礼。

不動産所得
土地や建物などの不動産を貸したり使わせたりすることによって得られる収入。

譲渡所得
資産（不動産、株式、絵画、骨董など）を譲渡したときに得られる収入。

山林所得
山林を伐採して譲渡したり、立木のまま譲渡したりすることによって得られる収入。

雑所得
他の所得のいずれにも該当しない所得は、雑所得と呼ばれます。

●年金
国民年金や厚生年金など公的年金の受け取り。

●原稿料・印税
原稿を書くのが本業ではない人が受け取った原稿料や本の印税。小説家など原稿を書くのが本業の人の原稿料はあてはまらない。

●FX・仮想通貨取引
FX（外国為替取引）や仮想通貨取引による利益。

●講演謝金
講演を行ったときの謝礼など。

に押しつけたり、決めてしまったりすること」を「お仕着せ」というけれど、その語源でもあるよ。

第2章 私たちの生活と経済のはなし

act.1 生活と経済

日本人はいくらもっているのか

「日本人はお金持ちだ」と言われることがあります。本当にそうなのでしょうか。日本人はどれくらいお金をもっているのでしょうか。

日本人がもつお金の動きはどう変わった？

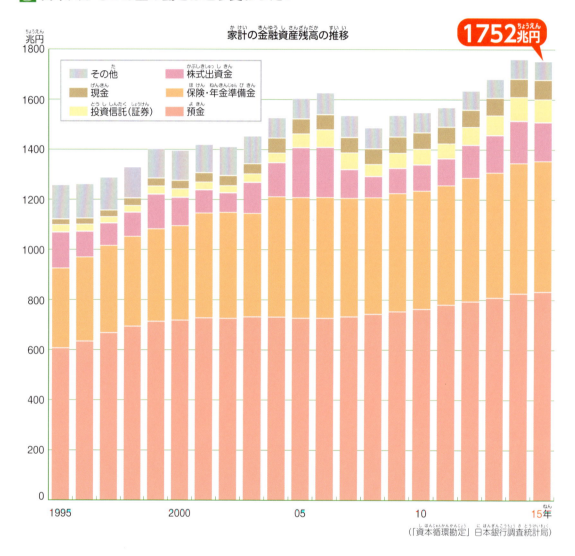

家計の金融資産残高の推移　1752兆円
（「資本循環勘定」日本銀行調査統計局）

世界的な経済状況の影響を受けて、過去20年間の家計資産も大きく変化してきたことがわかるね。20年前と最近を比べると、最近は「現金」が多くなっているね。

ひとくちメモ　内緒で貯めているお金を「へそくり」というね。昔、麻糸をつなげて巻き付けた糸巻のことを「綜麻」と言ったんだけど、内職

いわゆるバブル景気がはじけた1990年代後半から、2000年代初頭にかけて、日本の家計資産の総額は減少を続けましたが、その後、回復基調を見せています。
しかし、世帯別の貯蓄額を見てみると、2人以上世帯でも3分の1以上は「貯蓄ゼロ」であることがわかります。金融資産には現金で保有している資産や、日々の生活のための生活資金は含まれませんから、「貯金がまったくない世帯がこんなにいる」というわけではありませんが、日本人の個人資産は「現金・預金」の占める割合が非常に大きいことと考え合わせると、金融資産をほとんどもっていない世帯が多いことが推察されます。日本の中でも経済的な格差が生まれていると言えるでしょう。

日本人がもつ資産は、現金・預金が多い！

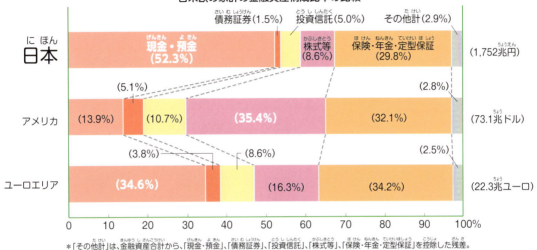

日米欧の家計の金融資産構成比率の比較

* 「その他計」は、金融資産合計から、「現金・預金」、「債務証券」、「投資信託」、「株式等」、「保険・年金・定型保証」を控除した残差。

(2016年)（「資金循環の日米欧比較」日本銀行調査統計局）

日本は資産に占める「現金・預金」の割合が非常に大きいことがわかるね。アメリカは投資して増やそうという傾向が見えるのに対し、日本はより安全な方法でためていくことを好んでいることがわかるよ。国民性や社会システムの違いがこんなところにも表れるね。

貯蓄額が増えている？

貯蓄ゼロ世帯の推移

（「家計の金融行動に関する世論調査」金融広報中央委員会）

「貯蓄ゼロ」といっても生活の資金や住宅ローンの返済金、手もちの現金などは含まれないので、「貯蓄ゼロ」＝「預金ゼロ」ではないよ。
でも、日本人は資産を「現金・預金」でもつ傾向が強いから、「貯蓄ゼロ」は「資産ゼロ」に近いと考えることができるね。つまり、日本でも経済的な格差が広がり始めていると考えられるよ。

に綿麻に糸を繰って稼いだお金を貯めたことから、へそくりという言葉が生まれたんだって。ただし、ほかにもいろいろな説があるらしいよ。

act.1 生活と経済

日本人はいくら稼いでいるのか

お金はたくさんあるに越したことはありませんが、どんな仕事に就くとどれくらい稼げるのでしょうか。また、日本人の平均年収は増えているのでしょうか、減っているのでしょうか。

どんな仕事の給料が多い？

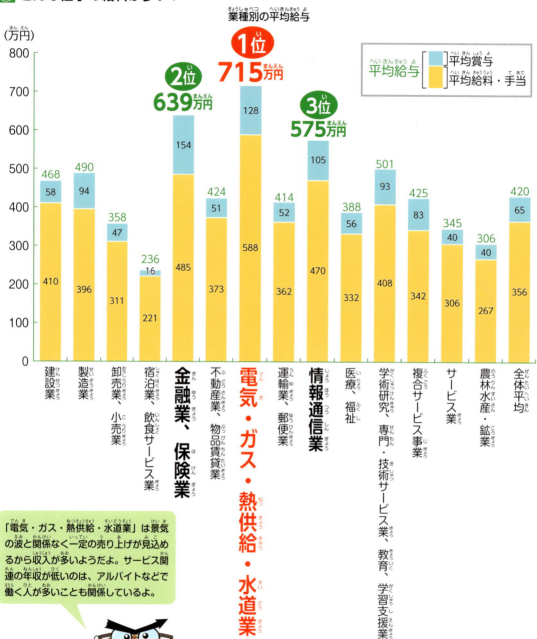

「電気・ガス・熱供給・水道業」は景気の波と関係なく一定の売り上げが見込めるから収入が多いようだよ。サービス関連の年収が低いのは、アルバイトなどで働く人が多いことも関係しているよ。

(2015年)(「民間給与実態統計調査」2017　国税庁)

ひとくちメモ　学校を卒業して初めて就職したときにもらう給料を「初任給」というよ。2016年の初任給（大学卒業）の平均は男性は20.6万

収入は職業によって大きく異なります。同じサラリーマンでも、どんな業種の会社に勤めているのかによって違ってきます。また、職種によっても差が生じます。

ただ、どのような業種、職種でも女性の賃金は男性よりも低い傾向にあります。男女雇用機会均等法がありますので、同じ職場で同じ仕事をしているのであれば、男女の賃金は同じでなければなりません。このような違いが生じてしまうのは、昇進や役職につく機会に差があるからだと考えられます。年齢別に見たときに、30代以降で男女差が大きくなるのは、女性は出産や育児のために職場を離れたり、パートタイムで働いたりするため、結果的に平均年収が低くなるものと考えられます。

性別、年齢別での給料の違いは？

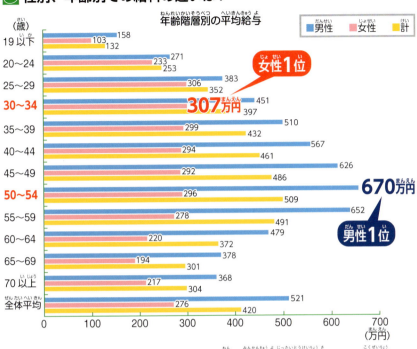

50代、60代の給与が多いけど、実は若い層との差は縮まってきているんだ。以前は年齢や経験とともに収入も増えたけど、今は新しい知識や前例のないことに取り組むことが多いので、年齢による収入差が小さくなっているんだ。

ここ10年で給料はどう変わった？

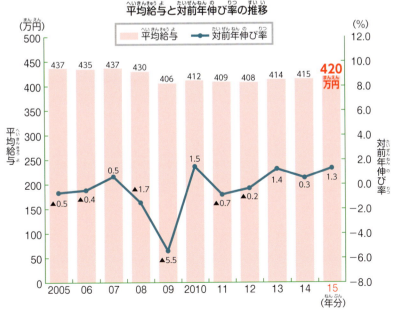

2008年にリーマンショックがあって、2009年に大きく落ち込んでいるね。その後は少しずつもち直しているようだよ。

円、女性は20.0万円だったよ。男女雇用機会均等法があるけど、まだまだ男女差があるようだね。

act.1 生活と経済

日本で暮らすには、いくらかかるのか

第2章 私たちの生活と経済のはなし

日本で暮らすには、毎月いくら必要なのでしょうか。住んでいる地方や、年代によってどのような違いがあるのでしょうか。

毎月のお金の使い道は？

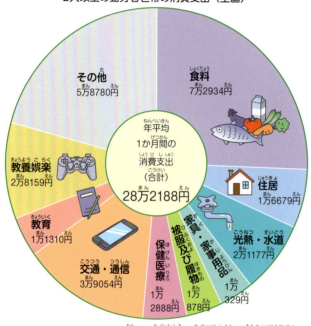

2人以上の勤労者世帯の消費支出（全国）

- その他 5万8780円
- 食料 7万2934円
- 住居 1万6679円
- 光熱・水道 2万1177円
- 家具・家事用品 1万329円
- 被服及び履物 1万878円
- 保健医療 1万2888円
- 交通・通信 3万9054円
- 教育 1万1310円
- 教養娯楽 2万8159円

年平均1か月間の消費支出（合計）28万2188円

（2016年）（「家計調査（家計収支編）」総務省統計局）

「衣食住」にはお金がかかるんだね。交通・通信にこんなにかかっているのがちょっと意外だけれど……。

支出の変化を見ると、2000年以降、多くの項目で減少傾向が続いているね。近年盛り返しているのは「食料」。また、「交通・通信」が、スマートフォンの普及が影響していると考えられるよ。

使い道はどう変化している？

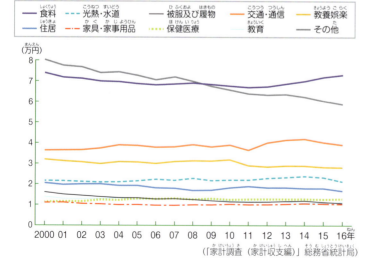

一世帯当たりの年平均1か月間の支出の変化

（「家計調査（家計収支編）」総務省統計局）

はみだし経済ノート
生活費の中身

生活費の中には、どんな生活をしていても最低限はどうしてもかかってしまう「固定費」と、生活のしかたによって大きく変動する「変動費」とがある。
「固定費」には食費、家賃、光熱・水道費、衣料代、保健医療費、交通・通信費などがあてはまり、「変動費」には住宅や自動車の購入代、教養・娯楽費などがあてはまる。
一般に、支出に占める固定費の割合は、生活が豊かな先進国では小さくなり、発展途上国では大きくなると言われている。

ひとくちメモ　携帯電話の契約数は1955年頃から急増し、2000年11月に固定電話の契約数を上回ったんだ。その後も増加を続け、2017年12

ひとことで「日本で暮らす」といっても、住んでいる地方や、家族構成によって必要な金額は異なります。例えば寒さの厳しい地方では冬の間の光熱費がかさみますし、台風が頻繁に通る地方では家の造りを頑丈にしなければなりません。大都市圏ではそういった出費は抑えられますが、全体の支出は多くなってしまいます。食料をはじめとするモノの値段はどうしても高くなりがちだからです。家族構成も支出の内訳と深く関係します。子どものいる家庭では教育費が大きく膨らみます。

時代と共に社会のしくみや人々の生活が変化することも、支出に変化をもたらします。通信費の増加傾向が続いていることもそのひとつです。

🍋 地域によって使い道はどう違う？

大都市と地方の消費支出の違い

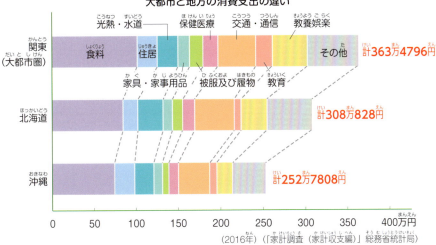

(2016年)「家計調査(家計収支編)」総務省統計局

消費支出の総額は関東の大都市圏が一番多いのに、住居費は沖縄が多く、光熱・水道費は北海道が一番多いね。沖縄は台風の被害などに備える必要があるし、北海道は冬の暖房費がかさむからだろうね。教育費は、関東の大都市圏は極端に多いね。

🍋 年齢によって使い道はどう違う？

世帯主の年代別に見る2人以上の勤労者世帯の消費支出（円）

	食料	住居	光熱・水道	家具・家事用品	被服及び履物	保健医療	交通・通信	教育	教養娯楽	その他の消費支出
平均	72,934	16,679	21,177	10,329	10,878	12,888	39,054	11,310	28,159	58,780
34歳以下	56,562	31,582	16,484	9,350	10,660	8,400	36,445	7,770	20,775	37,549
35～39	69,378	20,224	18,718	11,364	13,724	10,091	51,934	13,971	30,651	42,684
40～44	76,034	17,307	20,383	10,620	13,964	11,005	47,160	22,599	33,149	46,921
45～49	79,909	15,537	22,511	10,285	15,105	10,481	47,959	35,987	33,678	59,788
50～54	78,159	15,302	22,492	10,906	14,914	11,338	49,224	31,386	31,144	78,009
55～59	79,690	15,483	23,064	11,746	13,555	11,851	59,163	17,248	30,650	80,503
60～64	76,516	18,898	22,024	11,056	10,870	13,195	36,850	2,645	27,758	66,229
65～69	74,275	14,374	21,786	10,642	8,921	16,291	36,083	580	27,291	60,558
70～74	71,027	11,989	20,897	9,126	7,376	14,428	30,530	562	28,174	56,694
75～79	67,361	11,466	21,246	9,091	6,757	13,853	24,213	616	23,441	53,247
80～84	64,834	18,090	20,340	8,694	6,506	15,019	17,577	494	22,923	51,710
85歳以上	66,696	24,666	21,111	11,274	6,904	18,896	16,890	163	17,552	54,398

(2016年)「家計調査(家計収支編)」(総務省統計局)

年代による差が大きいのは、何といっても教育費。30代後半から50代にかけては、その前後に比べて極端に大きくなっているね。子どもが学校に通っている人が多い年代だね。保健医療は、年をとるにしたがって増える傾向にあるね。

📒 はみだし経済ノート

エンゲル係数

エンゲル係数とは、生活水準を表す指標のひとつ。支出全体に占める食費の割合を示す。私たちが生きていくためにはどうしても食べなければならないし、節約にも限界がある。そのため、生活水準が低下し全体の支出が減少すると食費の割合が大きくなり、生活が豊かになり全体の支出が大きくなると食費の割合が減少する。

現在、日本のエンゲル係数は25％程度だと言われている。

月末の契約数は1億6500万件以上に達しているよ。

act.1 生活と経済

個人ローンとは

銀行の店頭などに「住宅ローン相談会」などと書かれていることがあります。「ローンを組んで自動車を買った」などということもあります。ローンとはどんなものなのでしょうか。

💰 ローンと借金は同じ!?

「ローン」とは、「貸す」という意味の英語「Loan」。住宅や自動車などの高い買い物をするときに銀行などからお金を借り、毎月決まった額ずつ返す契約を結ぶことを「ローンを組む」といいます。

家が欲しいけど、まだお金がたまっていないなぁ……。

家を買うお金が必要なら、住宅ローンはいかがですか。

毎月少しずつ返してくれればいいですよ。

銀行からお金を借りるわけだから、ローンも借金であることにかわりはないんだよ。

💰 いろいろな個人向けのローン

●**住宅ローン**
・マンションや住宅を購入したり、住宅を建築したりするときに利用。
・建て替えやリフォームなどにも利用できる。

●**マイカーローン（自動車ローン）**
・自動車を購入するときに利用。
・利用する銀行、クレジット会社などによって名称が異なる。

●**教育ローン**
・進学など、教育資金が不足するときに利用。
・国や公的機関が行うものと、民間の金融機関が行うものとがある。

ひとくちメモ 日本のある地方銀行は、「鉄道模型ローン」を販売しているよ。使い道が自由な、いわゆるフリーローンの一種で、特に金利が

高いものを買うときにローンを組んだり、クレジットカードのキャッシングを利用したりすることがあります。ローンもキャッシングもお金を借りる借金であることにかわりはありません。便利だから、欲しいものがすぐに手に入るからといって安易に利用すると、月々の返済に困ってしまうことになりかねません。

ただし、ローンを利用することが悪いわけではありません。住宅など高額のものを買う場合、現金で買えるだけのお金をためるのは大変なことです。けがや病気などで急にお金が必要になることもあります。どれくらいの金利なのか、返済にはどれくらいの負担がかかるのかを見極め、賢く利用することが大切です。

生活と経済

銀行のローンと消費者金融の違いは？

銀行は「銀行法」、消費者金融は「貸金業法」という法律で規制されています。貸金業法には「総量規制」というきまりがあって、年収の3分の1を超える貸し付けはできません。

もっとくわしく！ ➡p.190

	銀行ローン	銀行のカードローン	消費者金融
総量規制	対象外		対象
借入額	審査による		年収の3分の1まで
金利	銀行ローン、銀行のカードローン、消費者金融の順で金利が高いことが多い		
審査のスピード	やや時間がかかる	銀行ローンより早い	
審査の難易度	厳しい	銀行ローンより通りやすい	

消費者金融のほうが簡単にお金を借りることができそうだけど、金利が高いから、返すのは大変そうだね。お金を借りるときには、どうやって返すのかをしっかり考えておかないと、大変なことになるよ。

●カードローン
・専用のカードを使用し、ATM（現金自動預け払い機）やCD（現金自動支払い機）からお金を引き出す感覚で利用。
・利用限度額はあらかじめ決められており、その範囲内であればいつでも利用できる。

●フリーローン
・使用目的を特定しないローン。
・保険のきかない高額の医療が必要になった場合や、結婚、旅行など、さまざまな目的に応えることができる。

●事業ローン
・企業や事業主、個人経営者などに特化したローン。
・法人名義で借りる場合と、個人名義で借りる場合とがある。

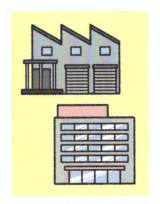

安いわけじゃないけど、お金がかかる趣味の世界でもローンを利用してもらおうと工夫しているんだね。

act.1 生活と経済

消費者金融とカードローン

ローンや消費者金融は無計画な利用や無理な利用をすると、生活そのものを破たんさせてしまいかねません。どのように利用すればよいのでしょうか。

💰 安心なローンと危険なローン

安心なローン
毎月の生活費には余裕があるけど、車を買えるほどためるのには時間がかかるから、ローンを組もう。

危険なローン
毎月の生活費はギリギリ。でも、車が欲しいからローンを組んで買っちゃおう！

十分な収入がないのにローンを組んでしまうと、返済ができなくなってしまうよ。

💰 ローンが払えなくなるとどうなるか

●**住宅ローンの場合**
決められた支払いができなかった。
↓
郵便、電話などで、支払いを求める連絡がくる。
↓
滞納（支払いが滞った状態）が3か月ほど続くと、残債（返していない借入金と利息）をすべて一度に返すよう求められる。
↓
さらに数か月滞納が続くと、金融機関から家の売却を勧められる。
↓
さらに滞納が続くと、家が競売（裁判所の管理のもと、強制的に売ること）にかけられる。
↓
競売が成立すると、強制的に退去を求められる。

●**自動車ローンの場合**
滞納から1か月半で程度で車が引き上げられ、2か月程度で引き上げられた車が売却される。

●**カードローンの場合**
滞納から2〜3か月程度で裁判所への訴えを起こされ、給与の差し押さえなどを求められる。

住宅や自動車を売っても、ほとんどの場合はローンの残りを全部返せるほどの金額にはならないよ。借金だけが残ることもあるんだ。

💰 銀行のカードローンが増えている

銀行ローンと消費者金融の貸出残高の推移

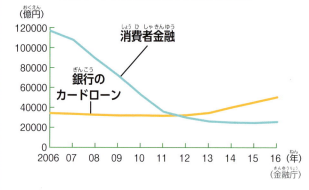

(金融庁)

総量規制の導入などで消費者金融の利用は減っているけど、その分、銀行のカードローンの利用は増えているんだ。きちんと返済できる範囲で利用されているのか、ちょっと心配だね。

これらの方法でも返せないときには、「自己破産」の制度などを利用することになるよ。

かつて消費者金融は「サラ金（サラリーマン金融）」などと呼ばれ、気軽に利用できる半面、返済しきれないほどの借金を抱えてしまう「多重債務者」が増加したり、厳しい取り立てが行われたりしたことが社会問題となった時期もありました。

その後、貸金業法によって借りすぎ・貸しすぎの防止や上限金利の明確化、取り立て行為の適正化などが図られました。一方、近年では、貸金業法の適用を受けない銀行によるカードローンの利用が拡大。再び多重債務者が増えるのではないかと危惧されています。

カードローンや消費者金融は私たちの生活をサポートしてくれますが、正しい利用を心がける必要があります。

自己破産……どうしても返せなくなったら

自己破産とは、借金がどうしても返せないときに裁判所に破産申立書を提出し、免責許可をもらうことで借金を免除されるための手続きのことです。ただし、認められると裁判所から「破産宣告」（「この人は支払い能力がまったくない」という判断）が出されても、それだけで借金が消えるわけではありません。

《自己破産のメリットとデメリット》

メリット
① 借金が免除される
② 誰でも手続きが可能
③ 貸金業者からの催促が止まる
④ 手元に残せる財産もある
⑤ 家族に迷惑はかからない

デメリット
① 信用情報（ブラックリスト）に載る
② 財産が処分される
③ 職業制限がある
④ 借金が免除されない場合がある
⑤ 官報等に記載される
⑥ 保証人への取り立て

もっとくわしく！→p.190

自己破産が宣告されたときにもっていた、住宅、保険、貴金属、自動車などの資産は、生活必需品や99万円以下の現金などをのぞいて処分され、返済にあてられるよ。また、信用情報（ブラックリスト）に載ると、クレジットカードを作ったり、ローンを組んだりすることはできなくなるんだ。また、その借り入れに保証人がいる場合は、借金がなくなるわけではなく、保証人が返済を求められることになるよ。

自己破産は減っている

自己破産件数の推移

年	件数
2002	21万4638
03	24万2357
04	21万1402
05	18万4422
06	16万5932
07	14万8248
08	12万9508
09	12万6265
10	12万0930
11	10万0510
12	8万2668
13	7万2048
14	6万5189
15	6万3856
2016	6万4037

約4分の1に減少！

（「司法統計年報」最高裁判所）

はみだし経済ノート
自己破産以外の方法

自己破産にはメリットもありますが、デメリットもあります。自己破産以外に次のような方法を検討するといいでしょう。

個人再生
個人再生とは、借入金を5分の1に圧縮したうえで、3～5年をかけて返済する制度。一定の収入があり、返済能力が認められることなどの条件が必要。

任意整理
借金をしている人やその代理人（弁護士や司法書士など）が貸金業者と交渉をして、返済しなければならない金額を、毎月無理のない額に分割して、返済しやすくするもの。裁判所は介在しないが、信用情報（ブラックリスト）には載る。

財産の分配を決めたんだ。この分配に応じられない債権者には「出世証文」を書き、将来返すことを約束しなければならなかったよ。

act.1 生活と経済

生涯賃金と老後に必要な資金

私たち日本人は、一生の間にどれだけのお金を稼ぐのでしょうか。また、高齢になって仕事をやめたときのために、いったいどれくらいの資金を準備しておくべきなのでしょうか。

一生で稼げるお金はどのくらい？

標準労働者の男女別・企業別の生涯賃金の比較

男性の場合

大卒・大企業の男性なら3億円以上！

3億120万円	2億4370万円	1億9960万円
1000人以上の企業	100〜999人の企業	10〜99人の企業

（厚生労働省）

「標準労働者」とは、学校卒業後直ちに企業に就職し、その会社にずっと勤めている人のことだよ。一般的には途中で会社をかわると生涯賃金が下がると言われてきたけど、最近は必ずしもそうではなくなっているよ。

女性の場合

大卒でも、小企業の女性は大企業の男性の約半分！

2億4990万円	2億560万円	1億6920万円
1000人以上の企業	100〜999人の企業	10〜99人の企業

（厚生労働省）

男女雇用機会均等法で賃金の男女差はなくなったはずだけど、昇進の機会の差などで、結果的に賃金の差が生まれていると考えられるよ。

ひとくちメモ　総務省が行っている「家計調査」によると、2016年の60歳以上で一人暮らしの人の1か月の可処分所得の平均は10万7648円。

サラリーマンの生涯賃金は、性別、学歴、勤めている会社の規模によって大きく異なります。生涯賃金の額が最も大きいのは、大学卒で従業員1000人以上の大企業に勤めた男性で、平均で3億円以上ですが、同じく大学卒でも従業員10〜99人の小企業に勤める女性は、約1億3000万円も少なくなります。学歴が専門学校卒、高校卒、中学卒となると、さらに下がります。男女雇用機会均等法により、仕事が同じならば男女で賃金に差をつけることは禁止されていますが、格差がまだまだ存在していることがわかります。

生涯賃金の差は、老後の生活にもかかわります。決して楽ではない高齢者の経済的な環境が浮かび上がります。

老後に必要な資金は3000万円？

65歳で定年となり90歳まで生きる場合

収入	年金（20万円×300か月＝6000万円）	不足 3000万円
支出	生活費（30万円×300か月＝9000万円）	

高齢者の収入はどのくらい？

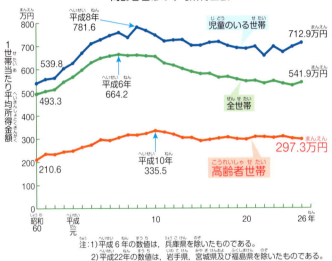

高齢者世帯の平均所得金額

- 児童のいる世帯：平成8年 781.6 → 712.9万円
- 全世帯：539.8 → 平成6年 664.2 → 541.9万円
- 高齢者世帯：210.6 → 平成10年 335.5 → 297.3万円

注：1）平成6年の数値は、兵庫県を除いたものである。
　　2）平成22年の数値は、岩手県、宮城県及び福島県を除いたものである。
　　3）平成23年の数値は、福島県を除いたものである。

（「国民生活基礎調査」厚生労働省）

はみだし経済ノート

老後には1億円以上の資金が必要？

老後に必要な資金は、夫婦2人で3000万円が定説になっています。毎月の生活費を30万円、年金による収入が毎月20万円とし、65歳から90歳までの25年間で考えたときに不足するお金が3000万円だからです。

ただし、生活費は生活レベルによって大きく違いますし、高額の医療費が必要になったり、介護施設に入所することなどを考えると、実際には夫婦2人で1億円はためておいたほうがいいという考え方もあります。しかし、生涯賃金を見ると、老後に1億円確保できる人はほんの一部でしょう。

高齢者も仕事をもてるようにしようという動きもあります。仕事ができれば収入が確保できますが、年金の支給開始年齢が引き上げられることも考えられます。

日本人の老後のゆとりは？

各種世帯の生活意識

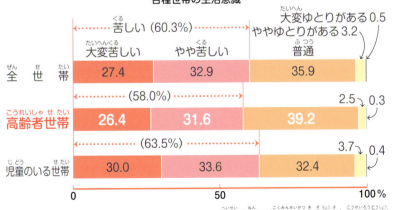

	大変苦しい	やや苦しい	普通	ややゆとりがある	大変ゆとりがある
全世帯	27.4	32.9	35.9	3.2	0.5
高齢者世帯	26.4	31.6	39.2	2.5	0.3
児童のいる世帯	30.0	33.6	32.4	3.7	0.4

- 全世帯：苦しい（60.3%）
- 高齢者世帯：（58.0%）
- 児童のいる世帯：（63.5%）

（平成27年）（「国民生活基礎調査」厚生労働省）

お年寄りは「悠々自適」っていうイメージがあるけど、生活はけっこう大変なんだね。これから高齢化がさらに進むとどうなるんだろう……？

これに対して消費支出の平均は14万3959円なので、3万6311円の赤字になっているよ。

act.1 生活と経済

貧困の問題

豊かに見える日本経済ですが、経済的な困難を抱えた「貧困」が増えてきていると言われています。どうして貧困が生まれてしまうのでしょうか。また、どのような影響があるのでしょうか。

日本人の6分の1が貧困!?

生活保護受給者数の推移（万人・万世帯）

■ 受給世帯数
― 受給者数

60.2万世帯　88.2万人　216.4万人　163.0万世帯

1970 75 80 85 90 95 2000 01 02 03 04 05 06 07 08 09 10 11 12 13 14 15（年）
（厚生労働省）

生活保護を受けている人が、この20年間で2倍以上に増えているんだね。

貧困のスパイラルと影響

健康　貧困によって十分な医療を受けられないと、健康に問題を抱えた状態が続きます。それが職を得るときの障害になり、さらに貧困が進んでしまいます。

環境　少年院に収容される者の4分の1以上は貧困層であると言われます。貧困家庭の場合、生活に追われて親の目が行き届きにくく、適切なモラル教育が不足しがちといった理由が考えられます。また、モラル意識が低いまま親になると、その子もまたモラル意識が低くなりやすくなってしまいます。

学力　貧困によって十分な教育を受けることができないと、基本的な知識や学力が不足し、よい仕事に就く障害となります。するとその子どもも十分な教育を受けることができず、貧困のスパイラルから抜け出すことができません。

経済的困難 → 若者の貧困 → 大人の貧困 → 次世代の子どもの貧困

ひとくちメモ　貧しい少女の物語「マッチ売りの少女」の作者・アンデルセンは、自身も貧しく、つらい子供時代を送ったんだ。彼の初期の作

貧困には一時的に収入が減ったことによる一時的貧困と、収入の少ない状態が続く慢性的貧困があり、日本で増加しているのは慢性的貧困です。慢性的な貧困はさらなる貧困に結びついてしまいやすく、そこからの脱却は簡単ではないと言われます。

貧困が続くと健康状態の悪化や学力の低下をまねき、それが社会全体の活力を奪ったり、国際競争力の低下、社会保障費の負担増を引き起こしたりしてしまいます。

貧困というと、個人の能力や努力の問題ととらえがちですが、原因の根底には社会のしくみの変化が関係していることも多く、社会全体として取り組むべき問題なのです。

非正規の割合が年々増加

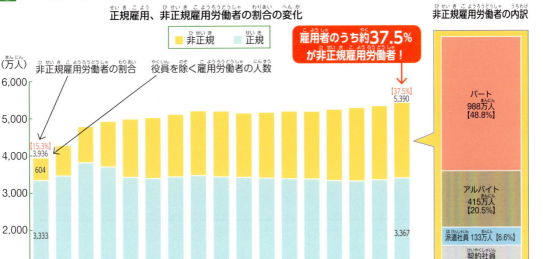

1990年代後半から、パート、アルバイトや契約社員といった、非正規雇用者の割合が増えているよ。企業が需給に合わせて雇用者数を調整するなどして、コストを抑えることができるようにするためだよ。非正規雇用者の収入は正規雇用者よりも低くなりがちで、しかも不安定。仕事はしているのに十分な収入を得られないこのような人たちを「ワーキングプア」と呼び、その増加が日本でも問題になっているよ。

全世帯の半数は「生活が苦しい」

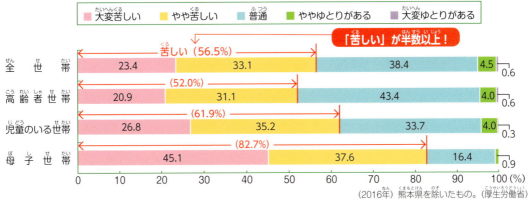

2016年の「世帯ごとの生活意識」を見てみると、「生活が苦しい」の割合は、母子世帯で約8割、児童のいる世帯では約6割となっているね。これは、男女雇用機会均等法施行後も続く収入の男女格差の影響と言えるね。また、子育て中は時間的な制約もあって収入のよい仕事に就きづらいという面もあるんだ。近年離婚率が上昇し、しかも母親が子どもを引き取るケースが多いことから、一人親世帯の増加が貧困の増加に結びついていると考えられるよ。

第2章 私たちの生活と経済のはなし

act.2 銀行

　この絵は、1874（明治7）年、東京・駿河町（現在の中央区室町）の様子で、奥の洋館は、後に日本初の民間銀行・三井銀行となる為替バンク三井組です。
　1872（明治5）年、政府が国立銀行条例を制定すると、当時、事実上の銀行業務を行っていた三井組と小野組が合併して「三井小野組合銀行」を設立することになり、三井組が5階建の洋館・海運橋三井組ハウスを建てました。
　ところが政府は、この洋館を日本銀行として使うために譲渡を要求。さらに、「三井小野組合銀行」は、政府も関与する「第一国立銀行」として設立されることになったのです。翌年、政令改正の影響で共同出資者・小野組が破たんすると、「第一国立銀行」は政府系の普通銀行とされてしまいました。
　しかし、三井は銀行設立をあきらめきれず、1874（明治7）年にこの絵に描かれた為替バンク三井組ハウスを建て、1876（明治9）年に日本初の民間普通銀行・三井銀行を開業させたのでした。

「東京駿河町三ツ井正写之図」
国立国会図書館

act.2 銀行

金融機関とは

「金融機関」とは、どんなものでしょうか。また、どのような種類があるのでしょうか。

金融機関の種類

「金融」とは、「資金に余裕のある人から、資金を必要としている人へ、お金を融通すること」です。

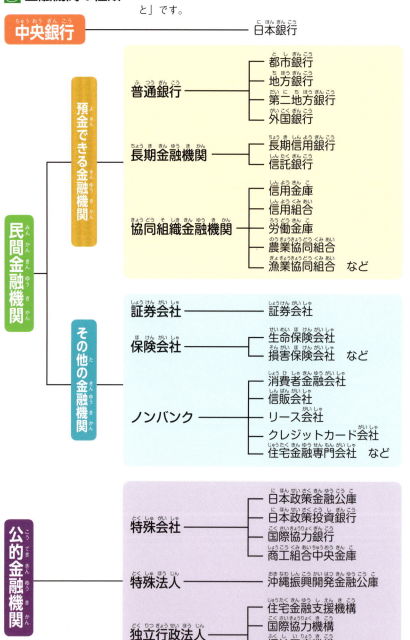

保険会社は、集めた保険料を運用しているよ。運用も一種の融通なので、保険会社も金融機関ととらえることができるんだ。

公的金融機関は、政策金融機関、政府系金融機関などとも呼ばれ、経済発展、国民生活の安定などといった一定の政策を実現するために、出資金の多くを政府が出資することによって設立した金融機関のことだよ。民間金融機関が融資を行うことが難しい分野に対して、財政投融資などの制度を利用して融資を行っているんだ。預金の受け入れなどは行っていないよ。

ひとくちメモ　日本で最初の銀行は、1873年（明治6年）に開業した第一国立銀行（旧第一勧業銀行、現みずほ銀行）だよ。「国立」について

金融機関というと、まず「銀行」が思い浮かびます。しかし、金融機関は銀行だけではありません。「預金（貯金）したり、お金を借りたりする」というはたらきをもっているところだけでも、銀行のほかに信用金庫や信用組合、農協（農業協同組合）、漁協（漁業協同組合）など、さまざまな金融機関があります。

最近では、実際の店舗をもたずにインターネット上だけで営業するネット銀行や、コンビニに設置したATMのネットワークを展開する流通企業系の銀行なども生まれています。これらも金融機関といえます。

利用の仕方や設置の目的の違いによって、さまざまな金融機関があるのです。

預金できる金融機関

預金（貯金）を預かる機能をもっている機関だけを狭い意味での金融機関ということもあります。

普通銀行 	都市銀行	大都市に本店を構え、広域に展開している銀行
	地方銀行	全国地方銀行協会の会員の銀行。本店所在地の都道府県をおもな営業範囲としている場合が多い
	第二地方銀行	第二地方銀行協会の会員の銀行。ほとんどは相互銀行から普通銀行に転換したもの
	外国銀行	外国の銀行の在日支店
	新たな形態の銀行	インターネット銀行など
信託銀行		信託とは、所有する金銭や土地などの財産を、専門家などに託し、運用・管理を任せること。信託銀行は普通銀行の業務に加え、「信託業務」などを行う銀行
協同組織金融機関 		個人事業主や中小企業、農業者、漁業者などが相互扶助を目的として組織した協同組合などが金融業務を行うもの 〈信用金庫〉 信用金庫法で規定された金融機関で、「地域で集めた資金を地域の中小企業と個人に還元することにより、地域社会の発展に寄与する」ことを目的としているため、大企業や営業地域外の法人・個人には融資できない 〈農業協同組合〉〈漁業協同組合〉 農業者、漁業者の協同組合が銀行とほぼ同等の金融業務を行っている。組合員以外でも利用することができる

銀行

> ゆうちょ銀行は、以前は公的金融機関に分類されていたけれど、民営化されてから銀行法という法律の適用を受けるようになったので、普通銀行の一種ととらえるようになったよ。

> ノンバンクとは、貸し付けのみを行う企業のことだよ。銀行法の適用は受けず、貸金業規制法に基づいて営業しているよ。預金の受け入れを行っていないため、資金は銀行などから調達しているんだ。

はみだし経済ノート

新たな形態の銀行

インターネットの発達や、ATM網の普及により、お金を預ける、引き出す、送る、受け取るといったことが、銀行の店舗以外でもできるようになってきました。そこで、最小限の店舗しかもたず、通帳も発行しないインターネット専業銀行や、全国展開するコンビニやスーパーなどの流通業者がATM網を使って展開する、まったく店舗をもたない銀行も生まれました。

いるけれど「国営」という意味ではなく、「国法（国立銀行条例）によって設立された銀行」という意味だよ。

act.2 銀行

銀行の役割

私たちは日常生活の中で銀行を利用していますが、銀行とはただお金を預かってくれるだけのところなのでしょうか。銀行はどんな役割を担っているのでしょうか。

銀行の機能と業務

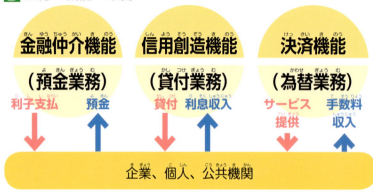

金融仲介機能とは

私たちは銀行にお金を「預ける」と言いますが、実際には銀行に預けることによって運用してもらっているのであり、その結果として利子がつきます。銀行は「運用したい」と考えている預金者と、資金を必要としている個人や企業などとを結び付けているといえます。
銀行のもっているこのような機能を「金融仲介機能」といい、そのために行っているのが「預金業務」です。

> **はみだし経済ノート**
>
> **メガバンク**
>
> メガバンクとは、預金残高が著しく大きい銀行や、銀行グループのこと。
> 日本のメガバンクは、バブル崩壊後に不良債権を大量に抱えた上、総会屋グループに対する利益供与などで銀行に対する批判が高まる一方、従来の護送船団方式の金融政策に対する指摘が強まった。この状況を打開すべく、大手都市銀行が合併・経営統合を行うことによって生まれた。
> 当初は合併による合理化などが主たる目的であったが、経営状況の回復後は、合併によるスケールメリットで3大機能が強化され、「メガ」と表現されるほどの強力な金融機関となっている。

銀行の預金と貯金箱のお金の大きな違いは、貯金箱は、一度入れたら出すまでそこにずっとあるけど、銀行に預けたお金は、貸し出されて経済を活性化させているところだよ。

ひとくちメモ　ATM（現金自動預け払い機）は、防犯のためにさまざまな工夫がされているよ。あるATMでは、無理やり現金を取り出そうと

私たちの生活の中では、銀行というと、お金を預けておいたり、住宅や自動車などの高額なものを購入するときにお金を借りたりする機関——と受け止めてしまいがちかもしれません。しかし、銀行には、社会の経済活動をさまざまな面で支えるという大切な役割があります。その役割とは、「金融仲介機能」「信用創造機能」「決済機能」の3つです。これらの機能は、銀行の主要業務の「預金」「融資」「為替」と銀行の信用によって実現されています。経営が安定しており、預けたお金を適正に貸し出してくれる銀行でなければ、大切なお金を預けることはできません。銀行が自身の信用を高める努力を続けることが、社会の安定のために必要なのです。

信用創造機能とは

銀行には流通している通貨の量を増やすはたらきがあります。これを「信用創造機能」といい、そのために行っているのが「貸付業務」です。例えば次のような流れになります。

① X社がA銀行に100万円を預ける。
② A銀行はそのうちの90万円をY社に貸し付ける。
③ Y社は90万円をひとまずA銀行の口座に置いておく。
④ A銀行はそのうち80万円をZ社に貸し付ける。
⑤ Z社は80万円をひとまずA銀行に置いておく。

銀行のお金はX社の100万円を元手に170万円の貸し付けが繰り返され270万円となりました。

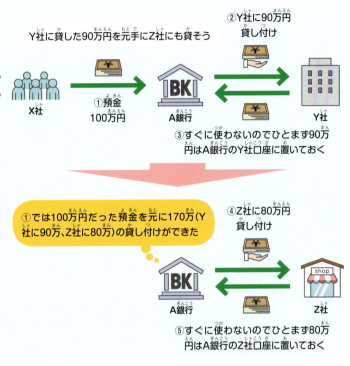

決済機能とは

銀行を使うと、他の人や会社の銀行口座に、お金を送ったり、受け取ったりできます。また、自分の口座からの自動引き落としによって公共料金やクレジットカードのお金を支払うことができます。

このような銀行の機能を「決済機能」といい、そのために行っているのが「為替業務」です。

「決済機能」によって遠くの人や外国の会社と取引をしたり、大きなお金を心配せずにやり取りできます。

もし、銀行がなかったらどうなるだろう。遠くの人と取引をするときは、お金を郵便で送るか、自分でもっていかなければならないね。
家を建てたり自動車を買ったりするためにお金がたりないときには、お金を貸してくれる人を自分で探さなければならなくなってしまう。
反対にお金を貸すときには、相手がちゃんと返してくれるかどうか、とても心配だね。

すると緑色の特殊な液体が紙幣にかかり、盗まれたお金であることがすぐにわかるようになっているんだ。

act.2 銀行

日本銀行

日本のお札をよく見ると、「日本銀行券」と書かれています。「日本銀行」とはどんな銀行なのでしょうか。一般の銀行とはどう違うのでしょうか。

日本銀行の3つの役割

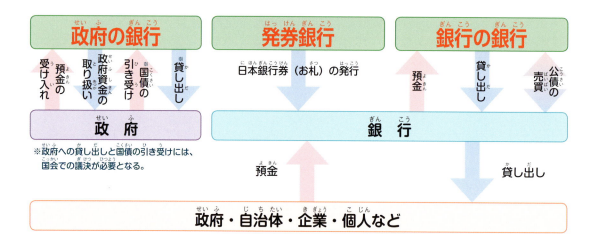

政府の銀行とは

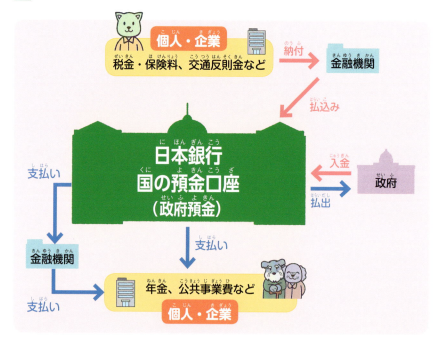

日本銀行は、国（政府）が日本銀行に開設した預金口座を通じて、税金や社会保険料、交通反則金などの歳入金を受け入れたり、公共事業費や年金といった歳出金を支払ったりなど、国のさまざまなお金（国庫金）の受払業務を行っているんだ。そのため「政府の銀行」とも呼ばれているよ。

ひとくちメモ　もしまちがって紙幣を燃やしてしまったりしてもあわてないで。全体の3分の2以上の面積が残っていれば額面通りのお金と交換

ひとつの国や特定の地域における金融のしくみの中核を担う機関が「中央銀行」です。多くの国に中央銀行が存在し、日本の中央銀行が「日本銀行」です。中央銀行は「政府の銀行」「発券銀行」「銀行の銀行」の3つの役割を担っています。
日本銀行の総裁は衆参両議院の同意を得て内閣が任命することが日本銀行法という法律によって定められていますが、政府の一機関や国営の銀行ではなく、独立した法人です。これは、政府がそのときの目先の政策のために安易に金利を調整するといったことを防ぎ通貨の安定を守るためです。このことで中央銀行は「通貨の番人」と呼ばれることもあります。

発券銀行とは

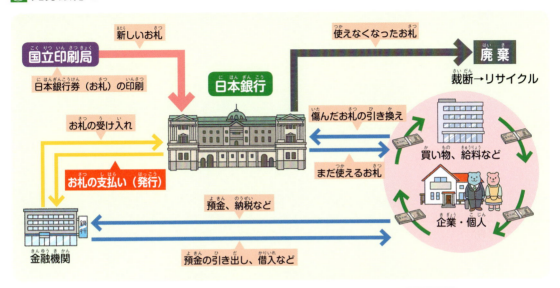

「発券銀行」とは、その国のお札を発行したり、傷んだお札をきれいなお札と交換したりする銀行のことだよ。お札の寿命は、1万円札は4～5年程度、千円札と5千円札は1～2年と言われているよ。

銀行の銀行とは

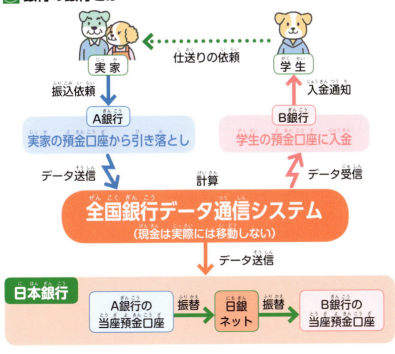

金融機関は日本銀行に当座預金口座をもっていて、準備預金をその口座に預けてあるんだ。また、日本銀行ではその口座を「日本銀行金融ネットワークシステム」（通称「日銀ネット」）と呼ばれるオンラインシステムにより管理しているんだ。
私たちがある銀行から別の銀行の口座にお金を振り込むときには、この日銀ネットを通じてデータがやりとりされるよ。

してもらえるよ。でも、残っているのが5分の2以上3分の2未満なら半額になり、5分の2未満だと交換してもらえないよ。

act.2 銀行

利子と利息のしくみ

借りたお金を返すときには、元の金額に加えて「利子」を求められることがあります。「利子」と似た言葉に「利息」や「金利」などがあります。これらの違いは何なのでしょうか。また、どのように計算するのでしょうか。

🛈 利子、利息とは

（例）1万円を金利0.02%で1年間借りたときに支払う利子

例えば銀行では預けるときも貸すときも「利息」といい、郵便貯金では預けるときも貸すときも「利子」というよ。

借りたお金に「利子」をつけて返します。
貸していたお金と、「利息」を受け取ります。

1万円を金利0.02%で1年間貸したり預けたりしたときに受け取る利息も、同じ計算式で求めることができるよ。

🛈 元金・金利・利子のしくみ

 × =

= = =

=

元金・元本
借りたり貸したりした元の金額。借りた金額を元金、貸した金額を元本として使い分ける。

利子・利息
お金を借りたときに、一定の利率で支払うものを利子といい、お金を貸したり預けたりしたときに一定の利率で受け取るものを利息ということが多いが、利子と利息は基本的に同じものを表している。

金利・利率・年利
元金を一定期間借りたときに利子が元金の何%になるかを表したもの。利子や利息そのものを表すこともある。1年間借りたときに何%になるかで表すことが多く、1年間借りたり貸したりしたときの金利を特に「年利」という。

ひとくちメモ　小説などに「トイチの高利貸し」といった言葉が出てくることがあるよ。トイチとは、10日で1割の金利がつく借金ということ。

「年利1.5％」と聞くと、「たいしたことないな……」と思ってしまうかもしれません。例えば100万円を借りたとすると、1年間の利息は1万5千円ですむからです。でもこれは、金利の計算を単利で計算したから。もし日歩の複利だったとしたら、1年後には元本と合わせて450万円以上に膨れあがってしまうことになります。

もちろん、現在の日本でお金を貸すときにはこのような単位で金利を計算する契約は認められていませんが、お金を借りたり、ローンを組んだりするときにはどのような計算方法をとるのか、契約の中身をしっかりと確認しておかないと、返済に予想以上の負担がかかってしまうこともあるのです。

単利と複利の計算

単利 元本に対してのみ利息がつく計算方式です。

（例）100万円を、金利2％で預けた場合
1年目の利息　100万円×2％＝2万円
2年目の利息　100万円×2％＝2万円
3年目の利息　100万円×2％＝2万円

《「単利」の金利計算式》

年利の計算
利息＝元本×金利×年数

月利の計算
利息＝元本×金利÷12×月数

日歩の計算
利息＝元本×金利÷365×日数

複利 利息も、金利計算の「元本」に含まれる計算方式です。
一定期間ごとに利息が支払われると、次の期間には「元本＋前の期間の利息」の金額が、利息計算の元になります。

（例）100万円を、金利2％で預けた場合
1年目の利息　100万円×2％＝2万円
2年目の利息　（100万円＋2万円）×2％＝2万400円
3年目の利息　（102万円＋2万400円）×2％＝2万808円

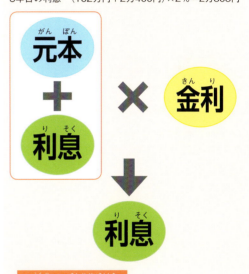

《「複利」の金利計算式》

年利の計算
利息＝元本×(1＋金利)^{年数}－元本

月利の計算
利息＝元本×(1＋金利÷12)^{月数}－元本

日歩の計算
利息＝元本×(1＋金利÷365)^{日数}－元本

3000万円を年利1.5％の複利で20年間借りたときに支払う利息は、3000万円×(1＋1.5％)^{20}－3000万円＝1040万5641円で、元本と合わせると返済額は4000万円以上になるね。
※住宅ローンなどの場合、毎月の返済額がほぼ一定になるように元本を返しながら金利も支払っていくので、上記の計算とは異なる。

銀行

1年借りていたら単利でも365％、複利だと、なんと3142％（1万円借りて31万4200円の利子）にもなるんだ。もちろん違法だよ。

第2章　私たちの生活と経済のはなし

act.2　銀行

投資・出資・融資の違い

よく似た言葉に「投資」「出資」「融資」の3つがあります。それぞれどのような意味で、どのような違いがあるのでしょうか。

🍋 投資・出資・融資の違いとは

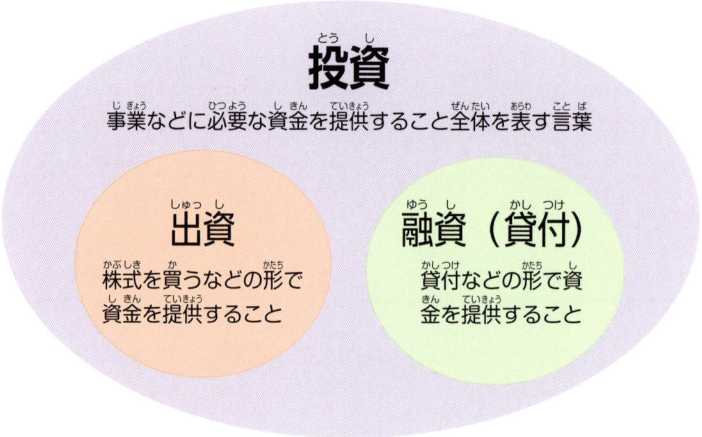

投資
事業などに必要な資金を提供すること全体を表す言葉

出資
株式を買うなどの形で資金を提供すること

融資（貸付）
貸付などの形で資金を提供すること

🍋 出資と融資はどう違う？

出資		融資
事業の成功や成長を期待した投資	目的	返済と利息の支払いが約束された投資
なし	返済の義務	あり
・株式投資（その会社の株式を買うこと）	代表的な形態	・貸付（借金） ・債権（国債、社債など）の購入
あり	投資した者の経営への関与	なし
なし	利息	あり
・会社が利益の配当をしたときに比率に応じて受けることができる権利、会社を売却や清算をしたときに比率に応じて売却額や清算金を受け取ることができる権利（利益配当請求権） ・取締役の選任権、解任権、会社のルールである定款の変更等の決議において株主総会で投票をする権利（議決権）　　　　など	投資によって得られる権利	・返済を受ける権利 ・利息を受け取る権利
・投資した資金は返してもらえない。 ・事業がうまくいかなかった場合は利益を受け取ることができない。	リスク（投資を行う側）	・事業が破たんした場合などは返済を受けることができなくなる。
・経営への関与を受けることがある。	リスク（投資を受ける側）	・事業の推移にかかわらず、契約に応じて返済（利子の支払い）をしていかなければならない。

ひとくちメモ　明治政府は、明治維新からまだ日も浅い1872年（明治5年）に「学制」を公布。身分・性別に区別なく国民全員が通う学校を全

「投資」「出資」「融資」は、いずれも資金を必要としているところに資金を提供することによって利益を得ようとする経済活動を表しています。

投資は、これらの経済活動全体を表しており、出資は、会社や事業に資金を提供することによって配当を受け取ったり、事業に関与する権利を得たりします。融資は、提供した資金の返済を受けるとともに、利子を受け取ります。出資と融資とでは、それぞれのメリット、デメリットが異なります。また、資金を提供したり受け取ったりする場合に「出資」なのか「融資」なのかを曖昧にしておくとトラブルの原因となります。双方でしっかり確認しておくことが大切です。

投資のおもな種類

●株式投資（出資）
株式に投資することによって、企業や事業が成功した場合に、配当や、株式の譲渡によって利益を得る。

●債券投資（融資）
資金を貸し付けることによって、利息を得る。市場の動向などによっては、債権そのものを譲渡することによって利益を得る場合もある。

●商品投資
金などの商品を購入したり、購入する権利を得たりし、値上がり後にそれを売却することによって利益を得る。

●不動産投資
土地、マンション、アパートなどの不動産を購入し、その賃貸料や値上がり後の売却によって利益を得る。

●為替投資
金利の低い通貨で金利の高い通貨を購入することによって利益を得る。あるいは、為替相場の変動によって利益を得る。

投資には、出資や融資以外にもいろいろな形があるよ。資金を出すことによって利益を得ようとする行為を、広い意味での投資ということができるんだ。

融資を返済する方法の種類と違い

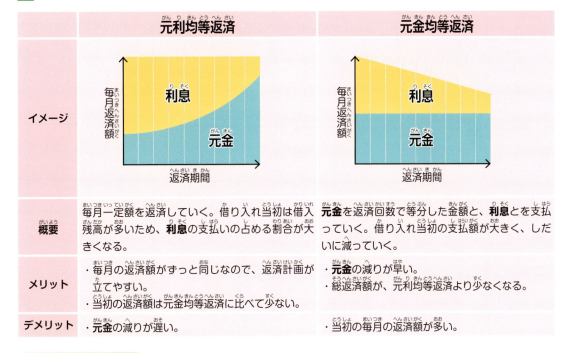

	元利均等返済	元金均等返済
イメージ	毎月返済額（利息／元金）／返済期間	毎月返済額（利息／元金）／返済期間
概要	毎月一定額を返済していく。借り入れ当初は借入残高が多いため、**利息**の支払いの占める割合が大きくなる。	**元金**を返済回数で等分した金額と、利息とを支払っていく。借り入れ当初の支払額が大きく、しだいに減っていく。
メリット	・毎月の返済額がずっと同じなので、返済計画が立てやすい。 ・当初の返済額は元金均等返済に比べて少ない。	・元金の減りが早い。 ・総返済額が、元利均等返済より少なくなる。
デメリット	・元金の減りが遅い。	・当初の毎月の返済額が多い。

融資を受ける場合は、返済の方法もしっかりと考えておかなければならないね。

act.2 銀行

預金と貯金の違い

金融機関にお金を預けることを、「預金」といったり「貯金」といったりしますが、どのような違いがあるのでしょうか。また、預金や貯金にはどのような種類があるのでしょうか。

預金と貯金はどう違う？

 預金も貯金もしくみとしてはほとんど変わりはないけれど、銀行などは「預金者の決済用の資金を預かっておく」という性格が強いのに対し、郵便貯金や農協などは中小事業者や農林漁業の人たちが「お金をためる」という性格が強いため「貯金」と呼ばれるようになったんだ。

銀行に預けた資金の流れ

銀行に預けられたお金は、そのまま銀行がもっているのではなく、一定の金額を日本銀行の口座に入れておくほかは、貸し付けています。

日本銀行 ← 一定額を預け入れ

個人・企業など → 預金 → 銀行 → 貸付 → 個人・企業など

 ただし、モノとしての紙幣の動きは、これとは違うよ。

ひとくちメモ　郵便貯金は、日本の郵便制度の父ともいわれる前島密がイギリスの郵便制度を視察したときに、郵便局で為替と貯金業務も行っ

金融機関を利用する場合には、その金融機関と契約し、「口座」を開設することになります。口座ごとに「通帳」が発行され、入金や出金を管理することになります。口座にはいくつかの種類があり、利用の目的に合わせて選ぶことになります。

では、金融機関に預けたお金はどのように動いていくのでしょうか。帳簿上は一部を準備預金として日本銀行に預金するほかは貸し出しに回されることになります。しかしほとんどの場合、貸し出しは現金を渡すのではなく、口座への入金によって行われます。最近では、現金輸送を請け負う輸送会社が現金の管理も請け負うケースも多くなっています。

おもな預金の種類

銀行を利用する場合には、その銀行に「口座」を開設します。口座には「普通預金口座」や「定期預金口座」などいくつかの種類があるけれど、最近ではそれらを一括して管理できる「総合口座」が増えています。

普通預金口座
- 預け入れや払い戻しが自由にできる。
- 金利がつく。
- キャッシュカードが発行できる。

定期預金口座
- 満期日（または措置期間）を設定し、それまでは払い戻しをしない条件で一定の金利で預け入れる。
- 一般的に、普通預金よりも金利が高い。

当座預金口座
- 手形や小切手を決済するための口座。
- 金利はつかない。
- 金融機関が破たんしても全額保証される。
- 個人で開設するのは難しい。

総合口座
普通預金口座と定期預金口座などを、ひとつの通帳で管理できる口座。

口座貸越
普通預金口座の残高が不足すると、定期預金口座の残高の範囲内で自動的に貸越が可能。これを口座貸越または当座貸越という。貸越の金額と期間に応じて利子が発生するので、長期間なら定期預金を解約したほうが得な場合もある。貸越の期間中、普通預金口座の残高表示はマイナスになる。

貸金庫
貸金庫とは、銀行の金庫内に個人の大切なものを預かるサービス。銀行や支店などによって異なるが、書類箱程度の大きさのカギのかかる箱に大切な書類や貴金属などを入れて預ける。中身を出し入れするときには預けてある銀行の支店内の専用ブース内で行うことが多い。盗難や紛失を防ぐことができるほか、火災や大きな震災などに備えて利用する人も多い。月単位または年単位での利用料金が発生する。

運送会社が「現金」を管理

現在では、コンビニエンスストアのATMで預金の出し入れができるね。この「現金」は、銀行から依頼された運送会社が管理していることが多いんだ。運送会社は自社の管理センターに現金を保管し、契約している銀行などの指示によって出し入れする。今やこのセンターが、銀行の金庫と同じ役割を果たしているんだ。

act.2 銀行
金融機関の破たん

第2章 私たちの生活と経済のはなし

金融機関もさまざまな理由により、一般の企業と同じように経営が破たん（倒産）することがあります。金融機関が倒産すると、預けていたお金はどうなるのでしょうか。

🟢 金融機関の経営破たんの流れ

- ・貸したお金が返ってこなくなった。
- ・購入した株式などの資産が暴落した。
- ・職員の使い込みなど不正行為があった。

↓

支払いができなくなる＝債務超過になる

↓

金融庁が銀行業務の停止を命令（破たんの認定）

破たん

一般の会社が倒産することがあるように、銀行などの金融機関も経営が破たんすることがあるよ。金融機関が破たんすると一定限度額以上の預金は保護されないので、社会に与える影響が大きいんだ。

🟢 預金者を守る預金保険制度

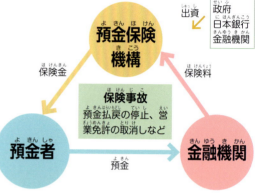

出資：政府／日本銀行／金融機関

預金保険制度とは、金融機関が破たんしたときに預金保険機構が預金者に保険金を支払うことによって、預金者の保護や資金決済を確保し、信用秩序を守るしくみだよ。

🟢 預金保護の2つの方式

①保険金支払方式 保険金を預金保険機構から預金者に支払う。

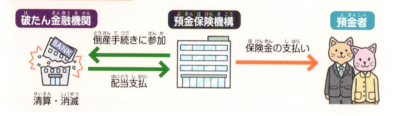

②資金援助方式 破たんした金融機関を引き継ぐ金融機関に預金保険機構が資金援助を行う。

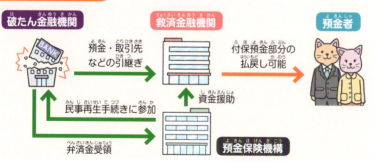

どちらの方式でも、預金の保護の範囲は同じだけど、銀行が破たんしたことで起きる混乱を最小限にとどめ、破たん処理のコストを小さくするために、「資金援助方式」が優先されるよ。

ひとくちメモ　世界的な金融危機「リーマン・ショック」は、アメリカの投資銀行リーマン・ブラザーズの経営破たんに端を発していることか

日本では、預金保険制度により、金融機関が経営破たんしたとき、預金者1人につき預金の元本1千万円とその利息分までが保護されています。このように、金融機関の経営が破たんした場合に一定限度まで預金を保護すること、反対にいえば一定限度以上を保護の対象外とすることをペイオフといいます。

日本では1971年に預金保険法ができペイオフの制度が導入されましたが、金融不安が深まったため1995年にその適用が凍結され、事実上、国が全額保証する状態が続きました。その後金融機関の経営改善が進んだため2005年に全面解禁されました。2010年に日本振興銀行の経営が破たんした際に初めて適用されました。

保護される金額の計算

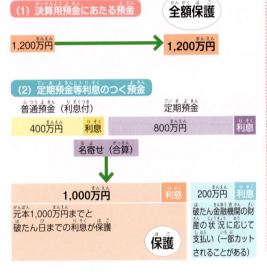

（例1）
1つの金融機関のある支店に元本1,200万円の決済用預金にあたる預金、元本400万円の普通預金（利息付）及び元本800万円の定期預金がある場合

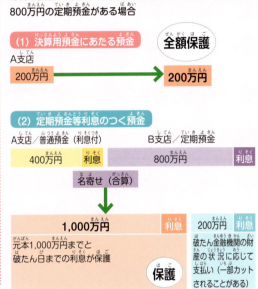

（例2）
1つの金融機関の複数の支店に元本200万円の決済用預金にあたる預金、元本400万円の普通預金（利息付）及び元本800万円の定期預金がある場合

預金の保護の範囲

	預金保険制度の対象預金等		預金保険制度の対象外預金等
	決済用預金	一般預金等	
預金等の分類	当座預金 利息のつかない普通預金等	利息のつく普通預金・定期預金・定期積立・元本補てん契約のある金銭信託（ビッグ等の貸付信託を含む）など	外貨預金・譲渡性預金・金融債（募集及び保護預かり契約が終了したもの）など
保護の範囲	全額保護	一部カットされることがある。	一部カットされることがある。

銀行の安全性を知る指標

自己資本比率	自己資本比率とは、総資本（総資産）のうちどの程度が自己資本でまかなわれているかを示す指標。
不良債権引当率	不良債権となっている貸出先が倒産して回収が不能となった場合に、どの程度穴埋めが可能かを表す値。
不良債権比率	すべての貸出金に対する不良債権の割合を示す値。
有価証券含み益	株式などの有価証券を保有している状態で、確保されている値上がり益。

実質的な経営破たん状態になっても、預金保険制度の適用前に他の金融機関による吸収合併などによって救済された場合には、全額が保証されるよ。

これらの値は、各銀行のホームページで公開されているよ。

第2章　私たちの生活と経済のはなし

act.3　保険

　大変だ！　交通事故です。高速道路での多重衝突。レスキュー隊や救急車などが到着し、負傷者の救出作業が行われているようです。

　交通事故を起こしてしまうと自分の車が壊れてしまうだけでなく、相手の車などを壊してしまったり、人にけがをさせたり、時には命を奪ってしまうことさえあります。

　その原因が自分にあるときには、賠償金を支払わなければなりません。命を奪ってしまったり、一生寝たきりになってしまうような大けがを負わせてしまったりした場合、その金額は数億円になることさえあります。

　反対に、事故にあってしまった場合、相手に賠償金の支払い能力がないということも考えられます。これでは怖くて、車の運転も、道を歩くこともできません。

　こういった事故や病気、けが、災害など、「万が一」の事態に備えるために考えられたのが「保険」という制度です。お金で、ものごとのすべてが解決できるわけではありませんが、保険があることによって私たちは、安心して暮らすことができるのです。

act.3 保険

保険とは

私たちは、思わぬ事故や病気のときにお金に困らないよう、保険を利用しています。保険とはどのようなしくみで、どのようにしてできたものなのでしょうか。

保険のしくみ

ガラスを割ってしまう事故は、必ず起きるとは限らないね。でも、割ってしまったときの負担は大きいね。だから、同じような危険をもっている人たちが毎月少しずつお金を出し合ってためておけば、万が一というときにそのお金で支払うことができるので、自分のチームだけでガラス代を払うよりも、少なくてすむよ。

ひとくちメモ　生命保険の起源には諸説あるよ。中世ヨーロッパの同業者組合ギルドで冠婚葬祭など組合員の経済的マイナスを分担しあった制

事故などが起きると大きなお金がかかり困ってしまうことがあります。しかし、いつ起きるかわからない事故や、もしかしたら起きないかもしれない事故のためにお金をためておくのは大変です。お金がたまる前に事故が起きてしまったら元も子もありません。

そこで、同じような危険性がある人たちが少しずつお金を出し合って、万が一のことが起きたときにお金を受け取ることができる制度が、現在の保険です。

しかし、保険が生まれたころには、保険を引き受ける側は、保険金の支払いが生じなければ大儲けができ、保険金を支払うと大損をするという、ギャンブルに近い性格のものもありました。

🛡 保険の歴史

古代オリエント時代

紀元前2200年頃、バビロニア（現在のイラク南部）で、交易のときの自然災害や、盗賊、海賊などに備えて、資金を借り入れる制度が生まれた。
→保険の起源と言われている。

紀元前300年頃

地中海商人が、船や積み荷を担保に金融業者から借金。無事に帰港できれば借金を返し、帰港できなければ返さないという制度が生まれた。
→海上保険の原型。

17世紀末

ロンドンの港近くにあったエドワード・ロイドが経営するコーヒーハウスに来ていた海上輸送関係者の間で、保険引き受けが行われるようになった。
→これが元となり、国際的な保険組織「ロイズ」が生まれた。

度や、17世紀のイギリスで牧師たちが、自分たちに万一のことがあった場合に備えてお金を出し合っていた制度などが起源だと言われているよ。

第2章 私たちの生活と経済のはなし

act.3 保険

いろいろな保険

生命保険や医療保険、自動車保険、損害保険……保険にはさまざまなものがありますが、どのように分類され、どのような特徴があるのでしょうか。

保険は3つに分けられる

生命保険
第一分野／「生死」の保障

被保険者が死亡したときに保険金が支払われる保険。

《商品の種類》
- **定期保険**…一定期間以内の死亡に対して保険金が給付される。「掛け捨て」タイプの保険。子どもが成長するまでの世帯主など、一定期間、高額な保障が必要とされる場合に向いている。一般に加入期間にかかわらず保険金額は一定。
- **終身保険**…保険期間を定めず、生涯にわたって保障される。保険料は割高。途中で解約した場合、解約払戻金が受け取れる。
- **学資保険**…満期時(多くは子の大学入学の時期)に保険金が支払われる。途中で親が死亡した場合はそれ以降の保険金の支払いは免除される。小中学校・高校の入学時期に祝い金が支払われることもある。

損害保険
第二分野／「損害」の補償

偶然な事故により損害が生じた場合に保険金が支払われる保険。

《商品の種類》
- **火災保険**…建物や建物の中のものが、火災や風水害によって損害を受けた場合に補償される。
- **自動車保険**…自動車の利用によって発生した損害を補償する。「自動車損害賠償責任保険(自賠責保険)」への加入が義務付けられているが、まかないきれない場合もあるため、任意の保険に加入することが多い。
- **賠償責任保険**…他者に損害を生じさせ賠償責任を負ったときに、それを補償する。たとえばゴルフをプレー中に打球で他人を傷つけてしまった場合に備えるゴルファー保険なども賠償責任保険の一種。

傷害保険、医療保険など
第三分野／「医療・介護」の保障

「第一分野」と「第二分野」の中間的な性格で、両分野に属する保険や、どちらにも属さない保険。

《商品の種類》
- **医療保険・疾病保険**…病気や、けがをしてしまったときに、入院日数や手術の内容に応じて支払われる。がんなど、特定の病気を対象にしているものもある。
- **介護保険**(民間介護保険)…介護が必要になった場合に、介護サービスを受けるための費用や、介護施設に入所するための費用として支払われる。公的介護保険を補完する面もある。
- **就業不能障害保険**…病気やけがなどで半身不随や寝たきりになり働けなくなったときに保険金が支払われる。一時金が支払われるタイプと、毎月一定額が支払われるタイプとがある。

	生命保険 (第一分野)	損害保険 (第二分野)	傷害保険・医療保険など (第三分野)	
扱っている保険会社	生命保険会社	損害保険会社	生命保険会社、損害保険会社	
保険の対象となるもの	人の生存・死亡	偶然な事故	傷害・疾病など	
保険金の支払い額	はじめに決めた額	実際にかかった額	はじめに決めた額	実際にかかった額

> 保険には、契約期間の終了までに死亡や損害といったことが発生しない場合は保険金の支払いがまったくない「掛け捨て型」のものと、満期になったときや途中で解約したときに何らかの支払いがある「貯蓄型」のものとがあるよ。一般に貯蓄型のほうが保険料が高くなるよ。

ひとくちメモ ロイズ・コーヒーハウスから始まったと言われているね。当時ロンドンではコーヒーハウスが商談の場として盛んに使われてい

保険契約を結ぶ場合には、「主契約」に「特約」をつけていくことになります。特約をたくさんつければ保障は手厚くなりますが、保険料は高くなります。また、いわゆる「掛け捨て型保険」の場合、何事もなく保険期間を終了した場合は支払った保険料は一切戻ってきませんが、保険料は安く抑えられる傾向にあります。

「保障が手厚いから」「あとで戻ってくるから」といって保険料の高い契約を結び、生活に影響してしまったのでは本末転倒です。反対に、いざというときに役に立たない契約でも意味がありません。保険に入るときには、どのような補償が必要なのかを考え、契約内容をしっかり確認することが大切です。

預金と保険の違い（貯蓄型の生命保険の場合）

預金
少しずつ貯まっていき、たまった分だけ引き出すことができる。

生命保険
死亡などが発生し、保険金が支払われる。支払った保険料にかかわらず、いざというときには全額受け取ることができる。

途中で解約すると、受け取る金額が支払った保険料よりも少なくなってしまうこともある。

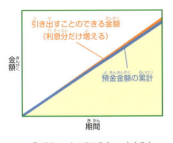
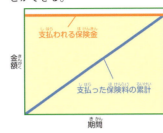
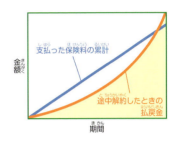

保険の主契約と特約

保険の契約には、メインの契約である「主契約」の部分と、主契約を補完する「特約」の部分があります。例えば、生命保険なら死亡保険が主契約となり、そこに入院保障の特約を付ける形になる。一方、医療保険ならば入院給付金の主契約を結び、死亡保障の特約を付ける形になります。

同じように見えるけど、保障の範囲や、他にどんな特約を付けることができるかといった条件も違うから、注意する必要があるよ。

世界のユニークな保険

●胸毛保険
胸毛が85％以上失われてしまったときに保険金が支払われる。自然に抜け落ちた場合や病気で抜けた場合は対象外とされた。

●幽霊保険
幽霊に襲われたときのけがの治療費を保障する保険。イギリスの保険会社が扱っている。

●宇宙人保険
宇宙人に誘拐されたときに1000万ドルの保険金が支払われる。アメリカの複数の保険会社が扱っている。

●お天気保険
旅行先で一定時間雨が降り続いたときに支払われる。旅行会社が保険会社と契約を結び、「雨が降ったら旅行代金を割り引きます」といったツアーを組んだりする。日本の保険会社の保険。

●ワールドカップ休業補償保険
オランダの保険会社が販売。サッカーワールドカップの試合当日とその翌日に、試合を見に行くために休んだ社員がいた場合に支払われる。

●ドローン保険
ドローンを飛ばしていて、他の人を傷つけてしまったり、何かを壊してしまったりしたときに、賠償のために支払われる保険。ドローンの普及とともに急増。

たんだ。ロイズ・コーヒーハウスはテムズ川の河畔に近かったため海運業者や貿易業者のたまり場だった。そこから海上保険が生まれたんだ。

act.3 保険

保険金が支払われるしくみ

保険はいざというときに備える便利なしくみですが、保険金はどのようなしくみで支払われるのでしょうか。また、保険会社はどのようにして利益を得ているのでしょうか。

🍋 保険金が支払われるしくみ

保険会社は保険金の支払いなどのために「保険契約準備金」を積み立てることが法律で義務付けられています。預かった保険料のうち約90％は保険金の支払いに使われるといわれていて、残った資金を証券や不動産などで運用して利益を得ています。

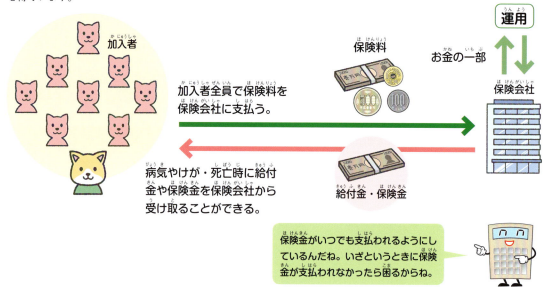

保険金がいつでも支払われるようにしているんだね。いざというときに保険金が支払われなかったら困るからね。

🍋 保険会社の健全性を表す指標

ソルベンシーマージン比率

大規模な震災や、株価の大暴落などのリスクに対応できる支払余力がどれだけあるかを表すもの。ソルベンシーマージン比率が200％以上あれば健全だとされるが、200％以上の保険会社が破たんした例もあり、200％を少し超えた程度では安心できないといわれている。

たとえ保険料が安かったとしても、いざというときに保険金が支払われなかったら困るね。

格付け※

専門的な調査に基づき格付け会社が発表するもの。各保険会社の財務力を、格付け会社が専門的な調査に基づき、ランク分けしたもの。スタンダード＆プアーズ（S＆P）、ムーディーズ、格付け投資情報センターなどがある。

例：S＆P
最上級の格付けであるAAAから、AA、A、BBB、BB、B、CCC、CCまでと、R（債務履行能力に関して規制当局の監督下にある。）、NR（格付けがない。保険財務力に関する意見をS＆Pはもたない。）の10ランクに分類。
「AA」から「CCC」の格付けには、プラス記号またはマイナス記号が付されること（A+など）があり、それぞれ、各カテゴリーの中での相対的な強さを表わしている。「BB」以下に格付けされる保険会社は、強みを上回る不安定要因を有する可能性があるとみなされる。

※ 格付けとは、スタンダード＆プアーズやムーディーズ等の格付け会社による専門的な調査に基づいて発表されたもので、各保険会社の財務力をわかりやすく指標として示したものです。

ひとくちメモ　ロイズ・コーヒーハウスは経営者エドワード・ロイドの死後も保険引き受け業者たちによって経営が続けられ、それが現在イギ

いざというときの支えとなる保険は、頼りになる存在です。しかし、事故や自然災害はいつ起きるのかわかりません。もしかしたらしばらく起きないかもしれませんが、短い期間に連続して起きることもあります。

保険会社は保険金の支払いに備えて資金を準備していますが、どんな場合にも支払いに困らないだけの資金を準備しておこうとしたら、経営が成り立ちません。保険では、もしすべての契約で保険金が支払われたら、保険料の総額よりもはるかに大きくなってしまうからです。

そこで保険会社では、保険料の一部を運用して利益を得ているほか、「再保険」などのしくみを使って、経営のリスクを小さくしているのです。

再保険のしくみ

一般的な再保険

例えば保険契約を結んでいた航空会社の大型旅客機が墜落した場合、保険会社は一度に巨額の保険金を支払わなければならず、常に大きなリスクを抱えて経営しなければならなくなります。そこで、このリスクに備えて、保険会社も保険をかけています。これを「再保険」といい、再保険を引き受ける会社を「再保険会社」といいます。

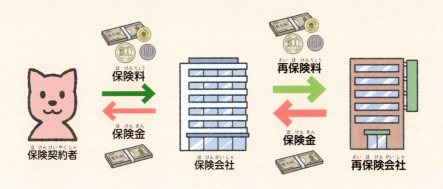

保険会社はさまざまな再保険を組み合わせて契約し、リスクをできるだけ小さくしているんだ。

地震保険の再保険

地震で大きな損害が発生したときにそなえるための保険が地震保険です。大きな地震が発生すると、多くの建物に大きな被害が発生するので、一斉に莫大な金額の保険金の支払いが必要になる恐れがあります。民間の損害保険会社がそのリスクを負うことは難しいため、多くの火災保険は地震が原因の場合は補償されない契約になっています。しかし、被害が大きいからこそ生活を立て直すための資金が早急に必要です。そこで1966年に創設された地震保険では、一般の損害保険とは異なり、最終的には日本政府が再保険を引き受けています。

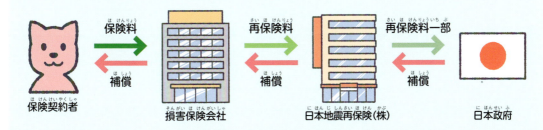

地震保険の販売は民間の損害保険会社によって行われ、火災保険と一緒に契約することになるよ。

マイナス金利って何？

●預金すると利子をとられる？

　「金利」は本来、利息、利子と同じ意味ですが、元金に対する利息の割合を「金利」と表現することが多いようです。「金利1％」と言った場合、お金を預けたり借りたりしたときに、元金の1％の利息や利子が発生することを表します。金利1％で1万円を1年間預けると、1万円の1％、つまり100円の利息を受け取ることになります。

　ところで、日本の各銀行は一定額以上を日本銀行に預金しておくことが義務づけられています。万が一、大量の預金者がいっせいにお金を下ろしたい、預金を解約したいという事態が起こっても対応できるようにするためです。このときの金利を「**基準金利**」と言います。

　そして2016年、この「基準金利」の利率がなんとマイナスになったのです。これを「**マイナス金利政策**」といいます。ふつう、お金を預けておけば利息を受け取ることができますが、「**マイナス金利**」になると、反対に利子に当たるお金を払わなくてはいけません。

　私たちが銀行に預金したときの「金利」は、「基準金利」の影響を受けます。「基準金利」がマイナスになったということは、私たちも銀行にお金を預けておくと、利息がつくどころか、預金が減ってしまうのでしょうか？

●目的は銀行からお金を借りやすくするため

　2016年頃まで、日本経済は低迷していました。2009年の**リーマン・ショック**の影響が続いていたのです。企業が投資を控えたため市場に出回るお金が減り、個人消費も冷え込みました。

　この状況に対して政府と日本銀行は、金融機関がお金を貸し出すときの「金利」が低くなれば、企業が資金を借りやすくなり、設備投資が活発になったり、人々が住宅ローンを組みやすくなったりして消費が盛んになり、景気が上向くのではないかと考えました。

　しかし当時、「基準金利」はすでにかなりの低水準になっており、それ以上下げることができません。そこでついに「基準金利」をマイナスにすることを決断したのです。

　「基準金利」がマイナスになると、銀行は日銀に預けておく資金を法律で定められた範囲内でギリギリまで減らします。しかし、預けるのをやめたお金を自分で持っていても利益は生まれませんから、貸出金利を下げてでも、なるべく貸付先を増やそうとします。つまり企業や個人がお金を借りやすくなるわけです。これによって景気回復が期待できると考えたのです。

　「基準金利」がマイナスだからといって一般の「金利」をマイナスにしてしまったら、銀行に預金する人はいなくなってしまいます。銀行は資金を失い、あっという間に経営破たんです。だから銀行は「基準金利」がマイナスでも預金に利息をつけます。私たちの預金が「マイナス金利」になることはないのです。

　ただし、「マイナス金利」は非常に特殊な状況であることは確かで、賛否両論があります。「マイナス金利」実施以降、景気は回復傾向に入りましたが、長期的にどんな影響がでるのか、世界中が注目しています。

第3章

企業活動と経済のはなし

会社にはどんな種類があるのかな？
会社の利益って、どうやって計算しているんだろう？

第3章　企業活動と経済のはなし

act.1　会社

　ある証券会社の店頭にある株価ボードです。さまざまな会社の株価が表示されています。
　日本にはたくさんの会社がありますが、会社の名前は、「株式会社○○」とか「○○株式会社」といったものが多くなっています。これは、「株式を発行して資金を集めてスタートした会社」という意味です。
　株式とは、資金を提供した人が得ることができる権利と表現することもできます。たくさん資金を提供した人は多くの株式をもち、「大株主」などとも呼ばれます。経営に関与する権利も大きく、業績が良ければ会社から配当金を受け取ることもできます。
　また、株式は売ったり買ったりすることもできます。業績の良い会社の株は、値段（株価）も上がります。株価が安いうちに買い高くなってから売れば、その差額を利益として得ることもできます。反対に業績が下がったら株価も下がり、損をしてしまいます。
　「会社」とは何なのか、どのようなしくみで経営されているのかを見てみましょう。

日本の企業形態

act.1 会社

第3章 企業活動と経済のはなし

会社というと「株式会社」をイメージしがちですが、それ以外にもいくつかの種類があります。どのような会社があるのでしょうか。また、よく聞く「親会社」「子会社」とは、何なのでしょうか。

企業の形態

企業の形態は、公企業と私企業に大きく分けることができます。私企業は、さらに個人企業と共同企業に分けることができます。共同企業には、法人格を持つ法人企業と法人格を持たない非法人企業があります。

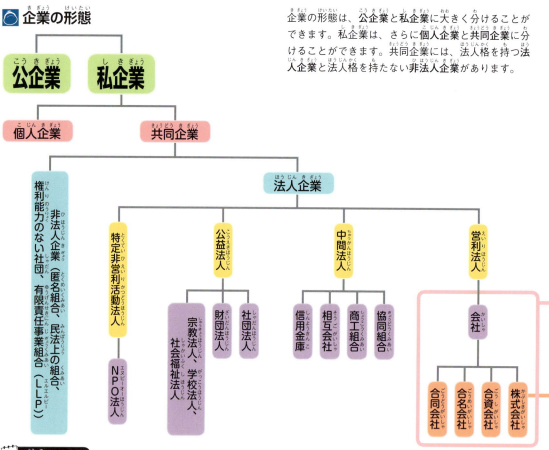

用語チェック

協同組合 ▷ 目的が同じ個人や法人などが組合員となり設立した相互扶助のための事業体。非営利。

相互会社 ▷ 一般には、顧客と社員が一致する形態の法人。日本では特に、保険業法に基づいて設立された保険業を行う社団のこと。

特定非営利活動法人（NPO法人） ▷ 特定非営利活動促進法に基づいて特定非営利活動を行うことを目的として設立された法人。

社団法人 ▷ 一定の目的のために構成員が集まった団体のうち、法律により「法人格」が認められるもの。

財団法人 ▷ 個人や企業などの法人から拠出された財産の運用益を主要な事業原資として運営する法人。

公企業 ▷ 国や地方公共団体が所有したり経営したりしている企業。

第三セクター ▷ 国や地方公共団体（第一セクター）と民間企業（第二セクター）との共同出資により設立された法人。

もっとくわしく！➡p.190

「法人」とは、個人ではなく「団体」だけれど、個人と同様の権利を主張することができる団体のことで、その権利のことを「法人格」というよ。

ひとくちメモ　「企業」というと、誰でも知っているような大企業を思い浮かべやすいけど、日本の企業の99.7%は中小企業なんだ。「平成26

会社は、出資者が資金を出資することによって設立されます。会社に利益が出れば、出資者はその利益を受け取る権利があります。一方、会社が事業を行っていく上では、仕入れ代金を支払ったり、借入金を返済したりすることもありますが、出資者はその責任を負うことになります。会社の種類によって、どこまで責任を負わなければならないかが違ってきます。会社の規模や事業内容、目的等によってどのような形態の会社にするのかを選ぶことになります。

また、会社が別の会社の株式を買って買収したり、会社が出資して別の会社を設立したりします。このようなことを通して親会社－子会社の関係も生まれます。

4種類の会社

会社法において、会社は、株式会社、合名会社、合資会社、合同会社の4種類に分類されていて、それぞれ出資者や責任などに違いがあります。

	株式会社	合名会社	合資会社	合同会社
資本金(下限)	資本金1円（または0円）			
出資者(最低人数)	1名以上	1名以上	2名以上	1名以上
責任範囲	有限責任	無限責任	無限責任 有限責任	有限責任
設立費用見込	20万円以上	6万円以上	6万円以上	6万円以上

用語チェック

出資者 ▷ ある会社に対して財産を提供している個人や法人。提供している財産に応じて利益などの分配を受ける。

有限責任 ▷ 会社が倒産した場合などに、出資額を限度とした責任だけを負うこと。最悪の場合、出資金は戻ってこないが、それ以上に弁済を求められることはない。

無限責任 ▷ 会社が倒産した場合などに、会社が負っていた債務のすべてに責任をもつこと。中小企業の経営者は、名目上は有限責任だが、会社が借り入れなどを行う場合に個人保証を行うことが多く、実質的には無限責任を負っているといえる。

株式会社をさらに分類すると

持株会社	具体的な事業活動を行う他の会社の株式を所有し、支配することを目的とした会社のこと。支配のみ行うのが**純粋持株会社**、自ら事業を行い、他社も支配するのが**事業持株会社**、金融機関を支配するのが**金融持株会社**。
関連会社 （グループ会社）	広い意味では、**資本関係**のある会社のまとまりのこと。せまい意味では、資本関係がある会社のうち、親会社が20～50％の株式をもち、財務・営業・事業の方針の決定に重要な影響を与えることができるものの、**支配権まではもっていない**会社。「子会社」と区別する意味で使う場合がある。
親会社	資本関係の会社のまとまりの中で、株式をもつなどして他の会社に対して**支配権**を行使し、影響を与えることができる会社。
子会社	資本関係のある会社のうち、株式の過半数をもつか、それと同等の支配権を行使できるような親会社が存在する会社。

はみだし経済ノート

いまはなくなった「有限会社」

会社の種類の中に「有限会社」が抜けていると思った人がいるかもしれません。確かにときどき「有限会社〇〇〇〇」といった会社名を見かけます。

有限会社の出資者は有限責任のみを負うという点では株式会社と同じですが、譲渡などが可能な株式は発行できないという点が異なります。出資者が固定的になりやすいという面においては日本の中小企業に適した形態だといわれていました。

しかし、有限会社よりも株式会社の方が信頼できるといったイメージをもたれることが多いことや、株式会社でも中小企業の場合は株式の譲渡などがほとんど行われていないという実態から株式会社と有限会社の違いが実質的にはなくなってきたため、2006年の会社法施行時に有限会社法が廃止されました。そして有限会社は株式会社として存続することとなりました。その際、会社の体制を株式会社に変更する必要はありませんが、旧・有限会社法に基づいて設立した会社は、会社名に「有限会社」という言葉を入れることが義務づけられました。そのため、「有限会社」を名乗る会社はたくさんあるのです。

> 株式会社では株主総会が最高の意思決定機関なので、その会社の株式を過半数もっていると、その会社の支配権をもっていることになるね。過半数に達していなくても、同じグループ内の他社がもっている株式と合わせると過半数に達するような場合も、実質的に支配権をもっていることになるよ。

act.1 会社

株式会社

日常生活の中で、「株式会社〇〇」「××株式会社」といった会社名をよく見ます。ニュースでは「株主総会」や「株式の取引」といった言葉も耳にします。株式会社とはどのようなしくみをもつ会社なのでしょうか。

株式会社とは

株式会社とは、株式を発行して資金を調達した会社です。この発行した株式を購入すると、株主になれます。株主のことを出資者といいます。

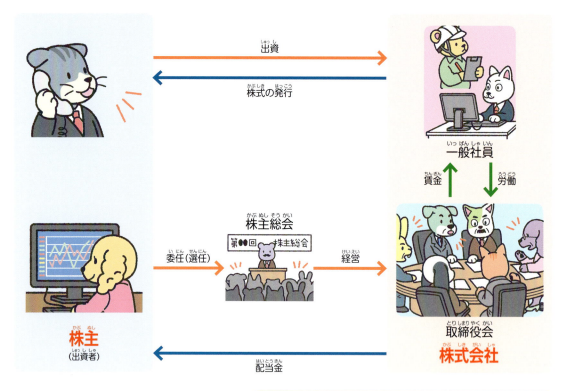

株式会社で一番えらいのは社長さんじゃなくて、株主なんだ。株主は、出資した会社が儲かれば大きな利益を手に入れることができるけど、その会社が倒産してしまったら、出資したお金を失ってしまうんだよ。

用語チェック

- **株　主** ▷ 株式会社の株式をもつ個人や法人。その株式会社の出資者。
- **株　式** ▷ 株式会社における株主としての権利。「株式を買う」とは、出資して株主としての権利を得ること。 もっとくわしく！➡p.191
- **出　資** ▷ 事業の成功や成長を期待してお金を出すこと。株式会社の場合は株式を買うこと。
- **株主総会** ▷ 株主を構成員とする、株式会社の最高意思決定機関。取締役を選任する。
- **取締役会** ▷ 会社の業務執行の決定機関。
- **取 締 役** ▷ 会社の業務執行の権限をもつ。株主総会によって選任される。
- **監 査 役** ▷ 会社の会計を監督する。株主総会によって選任される。
- **配 当 金** ▷ 会社が利益を出したときに、出資者（株主）が、出資金（もっている株式数）に応じて受け取ることのできる分配金（株式会社の場合）。

ひとくちメモ　「株」とは植物を切り倒したときに残る根元の部分のこと。そこから、ずっと残るものという意味が生まれたんだ。江戸時代に

会社をスタートさせるためにはさまざまなお金が必要です。しかし、設立してすぐには収入がありません。

そこで株式会社では、株式を発行して買ってもらいます。このお金が会社をスタートさせるための資金が「資本金」となります。

株主は、会社の利益に応じて配当を受け取ります。利益が少ないと配当が減ったり、なくなったりして株式の価値が下がってしまいます。株主たちは株主総会で「経営のしかたが悪いのではないか」と、実際に経営にあたっている取締役たちを追及します。ときには取締役を解任し、別の人を任命することもあります。だから株主総会が株式会社の最高意志決定機関といわれるのです。

資本と経営の関係

株式会社の最高意志決定機関は「株主総会」ですが、実際の経営の責任は、取締役が負います。

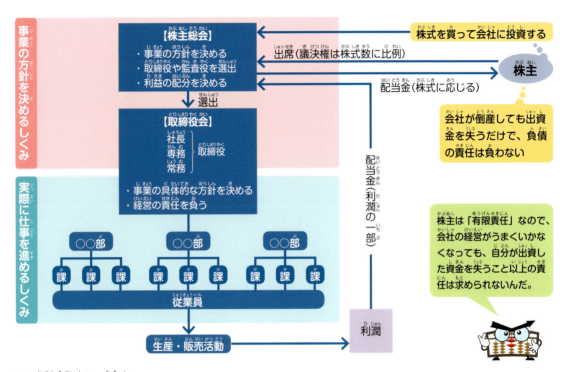

株式会社の歴史

●世界で最初の株式会社

世界で最初の株式会社は、オランダによって1602年に設立された「連合東インド会社」だといわれています。

この会社は、アジアでの香辛料取引などでしのぎを削り合っていた複数の会社をまとめ、オランダの利益を守るために設立されました。資本金は650万ギルダーで、設立にはオランダの有力な銀行・ホープ商会も参加しました。会社といっても商取引だけを行っていたのではなく、条約の締結権や軍隊の交戦権、植民地経営権なども与えられた特殊な会社でした。

また「東インド」といっても現在のインドの東側といった意味ではなく、アフリカの喜望峰から東に位置するアジア全体を意味していました。江戸時代に長崎の出島に置かれたオランダ商館は、実はこのオランダの「連合東インド会社」の支店で、長崎の人々からは「こんぱんにあ」「こんぱんや」と呼ばれていましたが、これはオランダ語のCompagnie、つまり英語のCompany（カンパニー：「会社」の意味）から生まれた言葉でした。

●日本で最初の株式会社

日本で最初の「会社」は、幕末に坂本龍馬らが中心となって長崎の亀山で結成され、後の海援隊の前身ともなった「亀山社中」であったといわれています。亀山社中は幕府の神戸海軍操練所の閉鎖後に設立され、貿易の仲介や物資の運搬などで利益を得ながら、海軍、航海術の習得を行っていました。

「社中」とは「人の集まるところ」や「人々の集まり」といった意味で、いまの「会社」の意味に近いでしょう。

亀山社中は薩摩藩や長崎商人などの支援者から資金の提供を受けて設立されましたが、「株式」の考えかたはもっていませんでした。

日本で最初の「株式会社」として生まれたのは、1873（明治6）年の第一国立銀行です。しかしこの会社（銀行）は国立銀行条例という法律に基づいて設立されたもので、一般の株式会社とはやや性質が異なります。

日本で初めて「商法」に基づいて設立された株式会社は、三菱財閥の中核企業となっていく「日本郵船」で、1893（明治26）年のことでした（設立は1885（明治18）年）。

は「御家人株」「名主株」のように特定の権利や身分などを表すようになり、その株を売り買いすることもあったよ。

株式の取引

act.1 会社

毎年1月の仕事始めのニュースで、「証券取引所の大発会」が紹介されます。証券会社や証券取引所は、どのような役割を担っているのでしょうか。

証券取引所と証券会社

株式の売買は証券取引所で行われますが、投資家が直接証券取引所に売買注文を出すわけではありません。投資家は証券会社に売買注文を出し、証券会社から証券取引所に伝えられます。

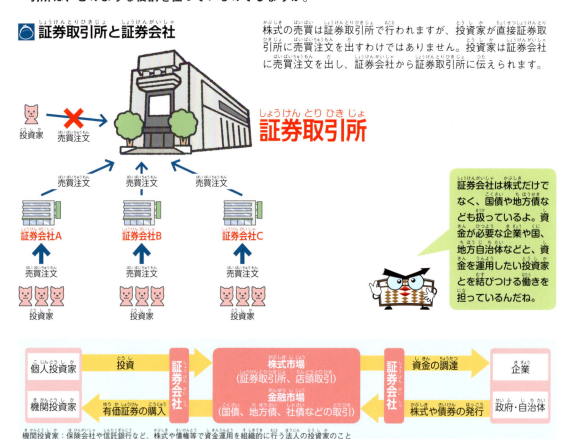

証券会社は株式だけでなく、国債や地方債なども扱っているよ。資金が必要な企業や国、地方自治体などと、資金を運用したい投資家とを結びつける働きを担っているんだね。

機関投資家：保険会社や信託銀行など、株式や債権等で資金運用を組織的に行う法人の投資家のこと

はみだし経済ノート

M&AとTOB

M&Aとは、ある企業が他の企業を買収したり合併したりすることでその事業や資産を手に入れようとすることです。M&Aにはさまざまな手法があり、TOBはそのひとつです。

TOBは株式の公開買い付けです。買収される側の企業が合意しない場合、買収しようとする企業が、市場価格よりも高い価格を示すことで他の株主から短期間に多くの株式を手に入れようとするものです。このように相手の合意なくM&AやTOBを行うことを「敵対的M&A」「敵対的TOB」といいます。業績がよかったり大きな資産価値があるにもかかわらず、株主が安定していなかったり、株主と取締役との関係が良好でない場合に敵対的M&Aを仕掛けられやすくなります。

敵対的M&Aに対しては、増資（新たな株式の発行）を行って買収される株式の比率を下げる対抗策をとります。または友好的な関係にある別の企業に対抗的なTOBを行ってもらい、敵対的な企業に株式が渡るのを妨害する方法もあります。敵対的な企業に代わって株式を買収してくれる企業をホワイトナイト（白馬の騎士）といいます。

敵対的な買収であっても、買収される側の経営や取締役に問題がある場合、その企業の従業員や顧客にとっては、買収されたほうがいい場合もあります。

ひとくちメモ　株式を売買するときに、希望する価格を決めて発注することを「指値注文」といい、その価格を「指値」というよ。価格が指値

株式の価格（株価）は、その株式を発行した会社の業績などによって上がったり下がったりするので、その株式を買ったときの値段よりも高くなっているときに売ることができれば、その差額を利益として手に入れることができます。

株式の売買は証券取引所で行われますが、そこで扱われるのは証券取引所による審査で認められた会社だけです。証券取引所で株式が扱われるようになることを「上場」といいます。「さすが東証一部上場の会社だね」といった言い方をしますが、東証一部（下記参照）に上場するためには厳しい審査があるため、それだけ立派な会社ということができるからです。

株式の売買の流れ

現在、株式の取引のほとんどは、コンピューターによって行われています。

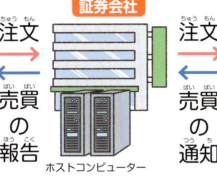

証券取引所での株式の売買というと、何人もの人が高く上げた手でさまざまなサインを出しながら「売った！」「買った！」とやっているようなイメージがあるけれど、いまでは実際の取引のほとんどは、コンピューターによって行われているんだよ。

日本の証券取引所

東京証券取引所〈現物取引〉
・市場第一部、市場第二部
・マザーズ、JASDAQ
・TOKYO PRO Market
・TOKYO PRO-BOND Market

大阪取引所〈デリバティブ取引〉
・日経225先物・オプション
・TOPIX先物・オプション
・海外指数先物・オプション
・OSE-FX

札幌証券取引所
名古屋証券取引所
福岡証券取引所

上場企業数の推移

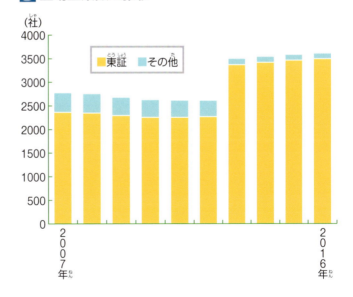

以前は東京証券取引所と大阪証券取引所があったけど、経営統合して日本取引所グループになったよ。日本取引所グループは、世界第3位の規模の証券市場なんだ。

「一部上場企業」というのは、「東京証券取引所の市場第一部に上場している企業」という意味だよ。

にならないときは、売買が成立しないよ。価格を決めずに注文することは「成行注文」というんだ。

第3章 企業活動と経済のはなし

act.1 会社

企業価値

企業に投資したり、買収や合併を行ったりするとき、企業価値はどのようにして評価するのでしょうか。また、経済的な面以外で会社の価値を考える必要はないのでしょうか。

会社の価値を表す3つの評価方法

資産の価値で評価 コストアプローチ

その企業が保有している資産を再構築するとした場合にかかるコストに観点を置き、保有している資産をベースに算出する。「簿価純資産法」「時価純資産法」など。

いまある会社をもう一度つくるためにかかる費用が大きいほど評価が高い！

もっとくわしく！ ➡p.191

他社との比較で評価 マーケットアプローチ

評価対象企業の価値を、類似した企業や類似した業種の企業の取引価格を参考にして算出する。「類似企業比較法（類似企業株価指標倍率法）」「類似業種比較法（類似業種比準価額法）」など。

同じような企業の市場価格から評価を判断する！

もっとくわしく！ ➡p.191

将来の収益で評価 インカムアプローチ

将来生み出すであろう価値を評価しようとするもの。このうちDCF法とは、その企業が将来生み出すフリー・キャッシュフローの総合計評価。「DCF法（割引キャッシュフロー法）」「収益還元法」など。

将来、たくさん稼ぐことができそうだと評価が上がる！

もっとくわしく！ ➡p.191

どんな目的でその企業の価値を知りたいのかによって、評価の方法を使い分けることが大切だよ。

企業の価値と株式時価総額

投資のために企業の株式を買うときに、その株価が適切かどうかを判断する目安が株式時価総額です。

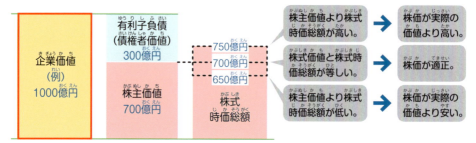

企業価値から有利子負債を除いた分が、株主にとっての価値で、株式時価総額よりも大きい場合は、株価は本来の価値よりも安いことになります。一方、株主価値が株式時価総額よりも小さい場合は、株価は本来の価値よりも高いことになります。

用語チェック

株式時価総額 ▷ 株式時価総額とは、上場企業の株価に、発行済み株式数を掛けたもの。株価が変化すれば株式時価総額も変化する。株価は企業の利益や資産の状況に市場の期待値も反映されたもの。企業価値を表しているとはいえないが、例えばある企業の株式を取得しようとするときに、その株価が適切かどうかを判断する材料になる。

ひとくちメモ　会社の株式を持っていると、株主配当のほかにその会社の商品や商品券などがもらえることもあるよ。鉄道会社や航空会社の中

企業の価値を評価するのは、とても難しいことです。上場企業の発行済み株式をすべて取得すればその企業を買うことができるので、株式時価総額（下の説明参照）が会社の価値のように思ってしまいがちです。しかし、株式時価総額よりも実際の価値が大きかったり、小さかったりすることもあります。

また、そういった経済的な数値だけでは表せない会社の価値もあります。たとえ収益力の強い会社であっても、社会全体の利益に反していたり、従業員がその会社で働くことで苦しんだりするようであれば、その会社の価値は高いとはいえません。会社の価値を考える場合には、これらを総合的にとらえることが必要でしょう。

世界のおもな企業の株式時価総額

順位	企業名	国	おもな事業	株式時価総額（円）
1	アップル	アメリカ	Mac、iPhone、iPadなど	87兆6,040億
2	アルファベット	アメリカ	Google、Androidなど	74兆2,610億
3	マイクロソフト	アメリカ	ソフトウェア、インターネットサービス	59兆3,120億
4	アマゾン	アメリカ	Windows、Officeなど	52兆2,940億
5	フェイスブック	アメリカ	SNS	48兆2,680億
6	バークシャー・ハザウェイ	アメリカ	ウォーレン・バフェット率いる投資会社	44兆8,360億
7	ジョンソン・エンド・ジョンソン	アメリカ	製薬、医療機器、その他のヘルスケア関連製品	37兆9,940億
8	エクソンモービル	アメリカ	総合エネルギー企業	37兆5,100億
9	テンセント	中国	SNS	35兆7,940億
10	アリババ	中国	各種のインターネット企業を傘下にもつ持株会社	32兆7,250億

（2017年5月末　世界取引所連盟（WEF）のデータによる）

以前は金融関係や、多国籍の製造業が上位に入っていたけど、最近はコンピューターやインターネット関連の企業が上位を占めているよ。世界経済の変化を表しているよ。

日本のおもな企業の株式時価総額

順位	企業名	おもな事業	株式時価総額（円）
1	トヨタ	自動車	23兆7,807億
2	三菱UFJフィナンシャルグループ	金融	116,416億
3	NTT	通信	112,828億
4	NTTドコモ	携帯電話	104,196億
5	ソフトバンク	インターネットサービス、携帯電話	98,916億
6	キーエンス	電気機器	77,741億
7	JT	たばこ、医療品、食品、飲料	73,900億
8	KDDI	携帯電話	72,765億
9	ホンダ	自動車	70,537億
10	三井住友フィナンシャルグループ	金融	69,449億

（2017年12月末　日本経済新聞のデータによる）

日本では、メーカーや金融が上位に入っているね。

社会的に見た企業の価値

ここまで見てきた企業の価値は、企業に投資したり、買収したりするときに必要になる経済的な価値です。
しかし、企業が社会にとってどれだけ価値があるか、顧客にとってどれだけ価値があるか、その会社で働く従業員にとってどれだけ価値があるかといったように、経済以外での価値もあります。それらを統合的に見たものが企業の価値といえるでしょう。

収益を上げることだけが企業の存在理由じゃないね。環境問題を引き起こしたり、顧客に損ばかりさせたり、従業員に無理な労働を強いたりするような企業は、価値のある企業とはいえないね。

には、株主向けに割引券を発行しているところもあるよ。こういった「株主優待」を目的に株式を買う人もいるよ。

第3章 企業活動と経済のはなし

act.1 会社

株価

新聞には株式欄があり、細かい数字がたくさん並んでいます。また、ニュースでは「ダウ平均株価は……」「東証株価指数は……」といったことを言います。それぞれどんな意味があるのでしょうか。

株価の見方

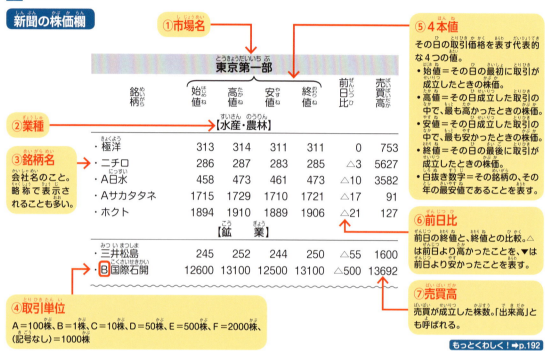

新聞の株価欄

①市場名：東京第一部

②業種：【水産・農林】、【鉱業】

③銘柄名：会社名のこと。略称で表示されることも多い。

④取引単位：A＝100株、B＝1株、C＝10株、D＝50株、E＝500株、F＝2000株、(記号なし)＝1000株

⑤4本値：その日の取引価格を表す代表的な4つの値。
- 始値＝その日の最初に取引が成立したときの株価。
- 高値＝その日成立した取引の中で、最も高かったときの株価。
- 安値＝その日成立した取引の中で、最も安かったときの株価。
- 終値＝その日の最後に取引が成立したときの株価。
- 白抜き数字＝その銘柄の、その年の最安値であることを表す。

⑥前日比：前日の終値と、終値との比較。△は前日より高かったことを、▼は前日より安かったことを表す。

⑦売買高：売買が成立した株数。「出来高」とも呼ばれる。

もっとくわしく！➡p.192

銘柄	始値	高値	安値	終値	前日比	売買高
・極洋	313	314	311	311	0	753
・ニチロ	286	287	283	285	△3	5627
・A日水	458	473	461	473	△10	3582
・Aサカタタネ	1715	1729	1710	1721	△17	91
・ホクト	1894	1910	1889	1906	△21	127
・三井松島	245	252	244	250	△55	1600
・B国際石開	12600	13100	12500	13100	△500	13692

株価変動の基本パターン

上昇しやすいチャートパターン

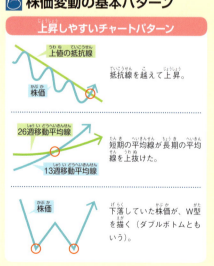

抵抗線を越えて上昇。

短期の平均線が長期の平均線を上抜けた。

下落していた株価が、W型を描く（ダブルボトムともいう）。

下落しやすいチャートパターン

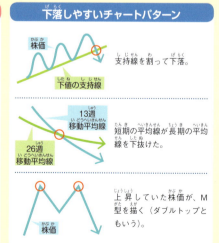

支持線を割って下落。

短期の平均線が長期の平均線を下抜けた。

上昇していた株価が、M型を描く（ダブルトップともいう）。

会社の業績がいいと株価が上がり、業績がわるいと株価が下がることが多いよ。

これらはよく見られるパターンだけど、必ずこうなるわけじゃないから、注意してね。

ひとくちメモ　証券取引所で株が売買される時間は、午前は9時から11時30分まで、午後は12時30分から3時までと決まっているよ。午前の取

上場している会社の株価は、その会社の経営状況や、社会のできごとなどの影響を受けて、日々変化しています。

新聞の株式欄を見ると、銘柄ごとに前日の株価などを知ることができます。

株価チャートを見ると、新聞の株式欄以上に株価の変化をつかむことができます。株価チャートでは、株価がいくらだったかということだけではなく、「ローソク足」と呼ばれる記号を使って、ある期間に株価がどのように変化したか、いまこの銘柄の株価は上昇傾向にあるのか、下落傾向にあるのかといったことが表されています。最近ではインターネットを使って株価チャートを見ることができるようになりました。

株価チャートの見方

株価チャート

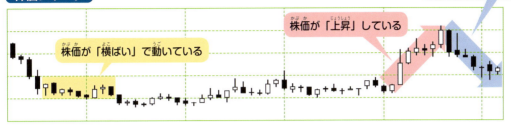

ローソク足

4本値をグラフとして表したのが、ローソク足です。ローソク足1本で、1日や1週間の値動きを表しています。

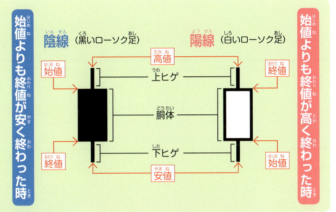

たての四角がその期間（日、週など）の株価の動きを表しているよ。たての四角のことを「ローソク足」というんだ。

下落のサイン 〈売り圧力が強い〉

株価はいったん上昇したのち、始値より下落した。

株価はいったん上昇したが、その後下降し、終値は始値と同じになった。

株価は下落を続けた。

上昇のサイン 〈買い手があらわれた〉

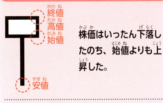
株価はいったん下落したのち、始値よりも上昇した。

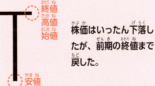
株価はいったん下落したが、前期の終値まで戻した。

株価は上昇を続けた。

中立 〈売り買いの力がほぼ等しい〉

株価は上昇したり下落したりしたが、終値は始値と同じだった。

株価は上昇したり下落したりしたが、終値は前期の終値よりも上昇した。

act.1 会社

決算書を読む①

会社は、売上が大きいほど経営がうまくいっているといっていいのでしょうか。会社が儲かっているかどうかは、どのようにして判断すればいいのでしょうか。

損益計算書に書かれるいろいろな「利益」

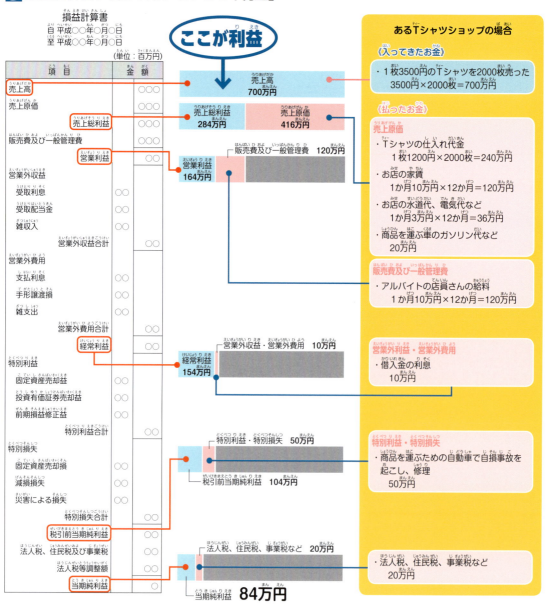

700万円も売り上げがあるから、儲かっているお店だなと思ったけど、純粋な利益は少なかったね。ひとことで「利益」というけれど、どの利益を取り上げるかで金額も大きく違ってくるんだね。

ひとくちメモ　日本の会社法では、株式会社に決算の公告（公に知らせること）を義務付けているよ。一般の企業は貸借対照表を、大企業は損

企業は1年ごとに決算を行います。決算とはその期間の収入と支出を計算し、その期間にどれだけの利益や損失があったのかを明らかにすることです。

決算書を見て会社の状況を知ることはとても大切です。業績を維持したり、改善したりするために何が問題なのかは、決算の数字に表れるからです。

決算書で大切なのは、「損益計算書」と「貸借対照表」です。日常生活ではなかなか目にすることの少ない書類ですが、読み取り方を知ってしまえばそう難しいものではありません。これらを見て自分の会社や取引相手の経営状況を把握することは、ビジネスを行っていく上でとても大切なことなのです。

会社の力は何で見るか

営業利益 ＝ 本業で出た利益【売上高－原価－販売管理費】

毎年繰り返す事業活動の結果

経常利益 ＝ 営業利益 ＋ 本業以外の収支【営業外収益－営業外費用】

最終的にいくら儲かったか

当期(純)利益（最終利益） ＝ 経常利益 ＋ 特別損益【特別利益－特別損失】 － 税金【法人税・住民税など】

会社の状況を見るためによく使われるのは営業利益と経常利益だよ。扱っている商品やサービスの力は営業利益に表れ、経営の力は経常利益に表れるよ。

本業でどれだけ稼ぐ力があるのかを知りたい。

借入金の返済なども含めて、どの程度会社の経営が安定しているかを知りたい。

最終的な儲けがどれくらいなのかを知りたい。

営業利益を見る

経常利益を見る

当期(純)利益を見る

用語チェック

損益計算書 ▷ 企業のある期間（1年や四半期など）の経営成績を表す。収益と、対応する費用をすべて対応させ、純利益を明らかにする。「企業経営の成績表」ともいわれる。

売上高 ▷ その企業やお店の商品（製品）やサービスを売って得た代金の総額。

売上原価 ▷ 商品（製品）やサービスを仕入れたり、製造したり、提供したりするときにかかった費用。

売上総利益 ▷ 売上高から売上原価を差し引いたもの。「粗利」「粗利益」ともいわれる。

販売費及び一般管理費 ▷ 営業活動全般や一般管理業務をすることにより発生する費用。広告宣伝費、販売促進費、販売手数料、見本費、荷造費、運搬費、保管費、営業社員の人件費など。

営業利益 ▷ 「売上総利益（粗利益）」から「販売費及び一般管理費（販管費）」を差し引いたもの。

営業外収益 ▷ 普通預金の利息など、企業やお店がふだん行っている財務活動によって得た収益。

営業外費用 ▷ 借入金の利息など、企業やお店がふだん行っている財務活動によって生じた支出。

経常利益 ▷ 営業利益に営業外収益を加え、そこから営業外費用を差し引いたもの。企業やお店がふだん行っている活動によって得た利益。

特別利益 ▷ 固定資産を売って得た利益など、特別な要因で発生した臨時的な利益。

特別損失 ▷ 企業の業務内容とは関係ない特別な要因で発生した臨時的な損失。

税引前当期純利益 ▷ 経常利益に特別利益を加え、そこから特別損失を差し引いたもの。

当期純利益 ▷ 税引前当期純利益から税金引当金等を差し引いたもの。純粋な企業の経営活動の成果。

第3章 企業活動と経済のはなし

act.1 会社

決算書を読む②

損益計算書が会社の事業の状況を表しているのに対し、貸借対照表は会社の財務状況を表します。貸借対照表はどのように読み取ればいいのでしょうか。

貸借対照表 貸借対照表とは、企業のある一定時点（3月末、12月末など）における資産、負債、純資産など、企業の財務状況を表すものです。貸借対照表の左側を「貸方」、右側を「借方」と呼ぶこともあります。また、貸方（資産）の合計と、借方（負債と純資産）の合計は等しくなります。

資産
企業が所有する、現金や預貯金、有価証券、土地、建物などの財産。

流動資産
比較的短期間に換金される資産。

固定資産
企業などが販売目的ではなく、長期間にわたって利用または所有する資産。

固定資産や流動資産に比べて負債が大きくなると、純資産がマイナスになって、資本金などに食い込んでいることがわかるんだ。

負債
企業が債権者に対して返済等の必要（義務）がある金銭債務。買掛金、支払手形、短期借入金、1年以内に返済予定の長期借入金、未払金、前受金、預り金、賞与引当金、未払税など。

流動負債
短期間に支払期限が到来する負債。

固定負債
支払期限の到来が1年以上後となる負債。

貸借対照表 （単位：千円）

（資産の部）		（負債の部）	
流動資産	16,500	**流動負債**	6,750
現金	200	支払手形	2,000
預金	6,500	買掛金	1,000
受取手形	1,200	短期借入金	1,500
売掛金	2,500	繰延税金負債	50
棚卸資産	700	前受収益	700
有価証券	1,200	未払費用	1,500
貸付金	700	**固定負債**	1,250
前払費用	1,300	長期借入金	1,250
未収収益	2,200	負債合計	8,000
固定資産	2,500	（純資産の部）	
有形固定資産	2,000	株主資本	10,000
無形固定資産	500	評価・換算差額	1,000
繰延資産	1,000	新株予約権	11,000
		資本合計	12,000
資産合計	**20,000**	**負債・資本合計**	**20,000**

他人資本 / 自己資本

合計が一致

繰延資産
すでに対価の支払いが終了または支払い義務が確定し、それに対応する役務の提供を受けたものの、その効果が将来にわたって発現するものと期待される費用。株式交付費、社債発行費等（新株予約権発行費を含む）、創立費、開業費、開発費。

純資産
資産総額から負債総額を差し引いた金額。額がマイナスになる場合もある。以前は資本、自己資本、株主資本などと呼ばれることもあった。

用語チェック

流動資産 ▷ ・当座資産…現金、預金、受取手形、売掛金、有価証券など ・棚卸資産…商品、製品、半製品、仕掛品、原材料、消耗品、貯蔵品など ・その他流動資産…前渡金、前払費用、未収収益、立替金、短期貸付金、未収金、預け金、仮払金など

固定資産 ▷ ・有形固定資産…土地や建物、機械、車両、工具、器具、備品など ・無形固定資産…特許権や実用新案権、意匠権、著作権、商標権、借地権（地上権含む）、漁業権、鉱業権や、のれん代（営業権）、ソフトウェア、電話加入権、水道施設利用権、電気ガス供給施設利用権、電気通信施設利用権など ・投資その他の資産…投資有価証券や長期貸付金、長期預金、長期前払費用、出資金など

ひとくちメモ かつて会社の不祥事などの情報をもとに会社をおどし、金品などの要求に応じない場合は株主として株主総会に乗り込んで嫌が

貸借対照表はバランスシートとも呼ばれ、会社の財務状況のバランスがとれているかどうかを表します。
　会社は借入などによって資金を調達し、その資金をもとに事業を展開し、利益を得ます。したがって、借入金などがあること自体は問題ありません。しかし、利益に比べて借入金や支払わなければならないお金が多すぎると事業は行き詰まってしまいます。
　貸借対照表や損益計算書などの財務諸表を検討することは、自社の経営状況をつかむだけでなく、安心して取引のできる相手なのか、株式を購入するなど投資の対象として適しているかどうかなどを判断する際の判断材料とすることもできるのです。

財務諸表から読み取れるもの

《財務の健全性に関するもの》

流動比率

流動比率〔％〕＝流動資産÷流動負債×100

1年以内に返済しなければならない負債に対する、1年以内に現金化できる資産の比率。短期的な会社の安全性を表し、200％以上であれば安全性は高い。

自己資本比率

自己資本比率〔％〕＝純資産÷(負債＋純資産)×100

負債と純資産の合計は「総資本」を表す。総資本に対する純資産の割合を表した自己資本比率が高いほど、経営は安定しているといわれる。

資本欠損

純資産＜資本金＋資本準備金＋利益準備金

純資産の総額が、資本金・資本準備金・利益準備金の合計を下回っている（当初の資本の一部が食いつぶされている）状態。企業の財務が悪化している。

債務超過

資産＜負債

資産の合計よりも負債の合計のほうが大きく、純資産の総額がマイナスになっている状態。企業の財務が悪化している。

《経営の効率に関するもの》

総資本利益率（ROA）

総資本利益率〔％〕＝
(経常利益＋支払利息)÷(負債＋純資産)×100

負債と純資産を合わせた「総資本」から、どれくらい効率的に事業による利益を生み出しているか。総資本利益率が高いほど、効率がいいことを表す。

純資産利益率（ROE）

純資産利益率〔％〕＝当期純利益÷純資産×100

株主資本からどれくらい効率的に利益をあげているかを表す。株主が経営を判断するときの目安のひとつとなる。

> 会社の株式を買うなど投資をするときには、これらの数字を見て、安心して投資できるかどうかを判断するんだ。

キャッシュフロー計算書

企業の会計では、まだ受け取っていないお金も「売上」に計上したりするので、帳簿上の収支とすぐに動かすことができる現金などとが一致しないことがあります。そこで実際のお金の流れを把握するために使われるのがキャッシュフロー計算書です。

営業活動によるキャッシュフロー
本業で順調にキャッシュ（現金）が増えているようならプラスになる。

財務活動によるキャッシュフロー
借入金などの返済を行うとマイナスになる。借入など追加の資金調達を行うとプラスになる。

現金及び現金同等物の増加額
この項目がマイナスで、かつマイナス幅が現金及び現金同等物の前期末残高を超えてしまうと手持ち現金が足りないため、帳簿上は黒字であっても支払いや返済ができなくなり、いわゆる「黒字倒産」をまねく。

項目	金額
営業活動によるキャッシュ・フロー	×××
投資活動によるキャッシュ・フロー	×××
財務活動によるキャッシュ・フロー	×××
現金及び現金同等物に係る換算差額	×××
現金及び現金同等物の増加額	×××
現金及び現金同等物の期首残高	×××
現金及び現金同等物の期末残高	×××

投資活動によるキャッシュフロー
企業が成長するための投資が行われていればマイナスになる。プラスになった場合は何らかの理由で投資を回収したと考えられる。

> 損益計算書では大幅な黒字なのに、実際に支払いに使えるお金が足りなくて倒産してしまうこともあるんだ。

act.1 会社

資金調達のしくみ

新しく会社を興したり、新たな事業に取り組むときには資金が必要です。自己資金でまかなえない場合は、どのようにして資金を調達するのでしょうか。

資金調達の種類

もっとくわしく！→p.192

「負債」の形での資金調達
デット・ファイナンス
金融機関からの借入、社債、公募債、私募債の発行などの方法がある。返済の義務があり担保などが必要だが、資金提供者による経営への関与はない。

「資本」の形による資金調達
エクイティ・ファイナンス
株式を発行する。担保は必要なく返済の義務もないが、利益が生じた場合には配当金を支払う必要がある。また、資金提供者が経営に関与することがある。

「負債」によって調達した資金を「資本」に転換する
転換社債を発行する。

資産の現金化
手形割引、債権のファクタリング、不動産の売却などを行う。

さまざまなファンド

機関投資家や富裕層から集めた資金を運用し、運用益を分配するしくみのことを「ファンド」といいます。

●広い意味での4つのファンド

金融資産や不動産に投資
投資信託
株式や債券、金融派生商品などの金融資産、不動産などに投資するファンド。

先物に投資
商品ファンド
貴金属・農産物・原油等の商品先物や、通貨・金利・債券等の金融先物など幅広い商品に投資するファンド。

不動産事業に投資
不動産特定共同事業
土地、建物などの不動産に投資するファンド。

せまい意味での「ファンド」はこれ！
集団投資スキーム
多くの投資者から集めた資金により、事業運営や有価証券等への投資を行う。

●「集団投資スキーム」の代表的な3つのスタイル

匿名組合では出資者が誰なのかが取引先などに明かされないから「匿名」と呼ばれるんだ。「出資者名を明かさない」というところが、「株主」と違うね。

投資事業組合
組合員である投資家から資金を集め、出資先企業に対し、出資の形で資金を供給する団体。無限責任を負わなければならない。
ジョイントベンチャー（共同企業体など）

匿名組合
出資者が提供した資金を、営業者の資産として扱い、その営業によって得られた利益を出資者に分配する契約。
太陽光発電事業など

投資事業有限責任組合
それぞれの出資額を限度とする「有限責任」とした投資事業組合。
ベンチャー企業への投資など

ひとくちメモ　クラウドとは「雲」を表す英語だけど、コンピューターの世界では、データを自分のパソコンではなくインターネット上に保存

企業が行う資金調達には、「負債」による調達と「資本」による調達とがあります。「負債」によって調達した場合は、返済と利息の支払いが必要です。「資本」による調達では返済は必要ありませんが、利益の分配を行います。また、出資を受けた額によって、経営面での決定に影響が及ぶこともあります。

最近では、インターネットを利用したクラウド・ファンディングも行われるようになり、個人の起業にも利用できるようになってきました。
企業への出資は、ただお金を出すだけではなく、出資によって利益を得る経済活動のひとつととらえることもできます。

クラウド・ファンディングでの資金調達

起業や、新規事業、新製品開発などに際し、インターネットなどを通じて、広く、小規模の投資を募るしくみを「クラウド・ファンディング」といいます。

出資する側

寄付型	購入型	貸付型	ファンド型	株式型

出資するだけで、金銭や物品、サービスなどのリターンはない。	出資金に応じて、商品・サービスなどのリターンがある。	出資金に応じて利息が支払われ、出資金自体も返済される。	出資金に応じて、利益が配当される。	出資金に応じて非上場の株式を取得する。

クラウド・ファンディング運営会社

寄付 ／ 商品・サービス ／ 出資 ／ 利息・配当 ／ 出資

新商品開発プロジェクト
目標金額 ¥3,000,000
このプロジェクトについて
××××××××
××××××××
××××××××

クラウド・ファンディングは、企業活動だけでなく、イベントや社会運動などの資金調達にも利用されるんだ。

出資を受ける側

クラウド・ファンディングの問題点

出資する側の問題点
・出資した資金が**有効に活用されない**おそれもある。
・計画が失敗した場合、**出資金が戻ってこない**。
・出資後に権利を売却するといったことが難しい場合が多く、**流動性が低い**。

出資を受ける側の問題点
・資金が集まるまでに**時間がかかる**。
・設定した金額まで集まらない場合、**出資を受けることができない**。
・アイデアを公表して資金を募るため、**アイデアを盗まれる**可能性がある。

act.1 会社

会社の倒産

ニュースなどで会社の倒産が話題になるときがあります。倒産とはどのようなものなのでしょうか。倒産した会社はすべてなくなってしまうのでしょうか。

倒産とは

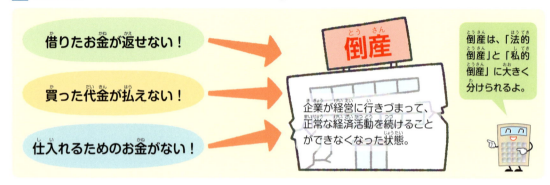

倒産の種類：法的倒産

再生型の倒産		清算型の倒産	
会社更生法の適用	民事再生法の適用	破産	特別清算
株式会社が対象。裁判所から指名された管財人が更生計画によって再建を目指す。原則として、選定されたスポンサーの支援を得て会社の経営を続けながら債務を返していく。	おもに中小企業向けで、対象は株式会社や特殊法人、個人など幅広い。債務者が再生を目指す。倒産企業の経営者が引き続き経営にあたることができる。	裁判所が破産手続開始決定を出し、債務者の総財産を計算して債権者に公平に配当する。	清算人が特別清算協定案を作成、債権者集会の同意を得て可決されれば、協定案に沿って債務を返していく。破産ほど厳格な手続きではなく、会社側が選任した清算人が財産の処分を行える。

再生型の倒産は、債務の免除などを受けつつ、経営を立て直すことを前提としているよ。だから、「倒産」した会社がすべてなくなってしまうわけではないんだ。

 ひとくちメモ 仕事が増えたのに倒産してしまった……世の中にはこんなこともあるよ。建設会社などが受注増を見込んで機材や設備などを準

会社の倒産とは、資金的な理由によって経営が立ち行かなくなることです。払うべきお金が払えなくなったり、返すべきお金が返せなくなったりする状態です。「破産」という言葉も同じような意味で使われます。

裁判所により倒産が認められると、その会社の支払い能力を超えた債務は免除されます。ただし、その会社の経営者などが会社の債務について保証を行っていた場合には、その経営者の資産も債務弁済のために提供しなければなりません。

ただし、倒産したからといってすぐに会社がなくなってしまうわけではありません。債権者などの理解や協力が得られれば、事業を継続、再建する道もあるのです。

倒産の種類：私的倒産

会社更生法や民事再生法の適用手続きをしなくても、金融機関との取引が停止されると「事実上倒産した」と判断されます。このような状況を法的倒産と区別して「私的倒産」といいます。

倒産			倒産ではない
取引停止処分	**内整理**		**廃業**
手形や小切手の不渡り（指定期日に決済できないこと）を、同一手形交換所管内で6か月以内に2回起こし、手形交換所の加盟金融機関から2年間にわたり取引ができなくなること。ニュースなどで「事実上の倒産」などと表現されることが多い。必ずしも取引停止によって事業が停止するわけではないが、信用不振から取引を停止する顧客などが増え、経営が破たんする。	経営に行きづまった企業が、債権者と話し合い、整理を行うこと。「任意整理」「私的整理」ともいう。		負債よりも資産のほうが多い状態で、金融機関や取引先、従業員に金銭的な迷惑をかけずに事業を停止すること。

負債よりも資産が多い状態でも、後継者がいない、先行きの経営が見込めないなどの理由で会社を閉じることもあるよ。これを廃業というんだ。

倒産の原因

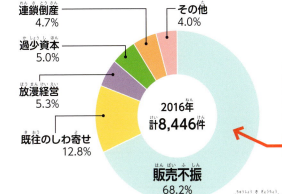

2016年 計8,446件

- 連鎖倒産 4.7%
- その他 4.0%
- 過少資本 5.0%
- 放漫経営 5.3%
- 既往のしわ寄せ 12.8%
- 販売不振 68.2%

（中小企業庁）

中小企業が倒産する原因は、圧倒的に販売不振、つまり、売上げが上がらなくなることが多いね。

販売不振が約7割!!

倒産件数の推移

2000年以降で最多 29,583件

	2007	08	09	10	11	12	13	14	15	16
休廃業・解散	21,122	24,705	25,178	26,086	25,273	27,266	29,047	27,167	27,341	
倒産	14,091	15,646	15,480	13,321	12,734	12,124	10,855	9,731	8,812	8,446

（東京商工リサーチ「2016年『休廃業・解散企業』動向調査」）

倒産でなくなってしまう企業よりも、自主的に休業したり廃業したりする企業の方が何倍も多いんだね。

会社を作るのにいくらかかる？

COLUMN 3

●中学生や高校生の社長が増えています

　中学生や高校生で、会社を作る人が増えています。日本の法律では未成年でも保護者の許可があれば、会社を作ることができるのです。

　ただ、申請書類の作成には「**印鑑証明書**」が必要です。この「印鑑証明書」をもらえる年齢は15歳以上と決まっているので、実際に会社を設立できる年齢は15歳以上ということになります。

　今では15歳のwebデザイナーや、クラウドファンディング経営者、大ヒット商品を生みだした高校生など、ティーン企業家が続々と誕生しています。

　以前は会社を作るためには大きな金額が必要でした。株式会社は資本金1000万円以上、有限会社は資本金300万円以上のお金を用意しなければならなかったのです。

　しかし、2006年にいわゆる「**新会社法**」が施行されて、資本金が1円でも会社の設立が可能になりました。この新法にはその他にも、会社を作りやすくするさまざまな改正が盛り込まれました。アイデアややる気のある人たちが、どんどん会社を作って力を発揮できるようなしくみになっています。

●申請費用に24万円かかります

　資本金は1円でもすみますが、いざ会社を始めるとなると、なんだかんだとお金がかかります。どんなものが必要なのか、ざっとあげてみましょう。

①申請費用	法務局に株式会社設立を申請するときに、定款認証料5万円、登録免許税15万円、印紙代4万円（合計24万円）がかかります。
②設立代行手数料	申請書類の作成などを自分で行うのが難しい場合は、作成を代行してくれる専門家がいます。手数料が必要です。
③会社印鑑	代表印、銀行印、通常業務に使う角印などが必要です。
④オフィス費用	最初は自宅で仕事を始めれば、オフィス費用はかかりません。オフィスを借りる場合は、不動産業者への仲介手数料、敷金・保証金、礼金、前払い家賃などがかかります。カフェなど店舗を始める場合も、同様です。
⑤事務用品費用	パソコン、プリンター、デスクといす、文房具一式、電話など。
⑥広告関連費用	会社名のロゴ（会社名やマークをデザインしたデータで名刺やホームページなどに使います）、名刺、ホームページの作成など。

　このように、さまざまな費用がかかりますが、絶対に必要なのは、①と③。印鑑の値段はさまざまですが、全部そろえて2万円程度でしょうから、合計すると26万円が最低金額ということになります。

　中学生や高校生にとってはこれでも結構な金額ですが、ビジネスコンテストなどに応募して、アイデアが採用されたら、費用を出してもらえることもあります。

　「これは！」と思えるようなビジネスアイデアが見つかったら、応募してみてはどうでしょうか。

第4章

国や地方自治体のお金のはなし

国や地方自治体が使うお金は、どれくらいなんだろう？ 私たちの生活とどう関係しているの？

第4章　国や地方自治体のお金のはなし

act.1　公共のお金

　日本では、法律で「国又は地方公共団体の設置する学校における義務教育については、授業料は、これを徴収しない。」としています。「国公立の小・中学校では授業料はかかりませんよ」ということです。

　しかし、学校で子どもたちに教育を受けさせるためには、先生たちの人件費、校舎の建設費、日々の活動にかかる費用、教科書の印刷費など、本当に多くのお金が必要です。私立の小中学校に通うと、授業料などで1年間に何十万円も必要なことからもわかります。それを払わなくていいのは、国や都道府県、市町村がその費用をまかなっているからであり、そのお金のもとは私たちが納めている税金なのです。

　教育以外にも、街づくりや公衆衛生、道路などの整備、さらには防衛など、私たちの社会と生活は公共のお金によって支えられているものが多いのです。

　公共のお金はどのようにして集められ、何に、どれくらいかかっているのでしょうか。また、どんな課題を抱えているのでしょうか。

第4章 国や地方自治体のお金のはなし

act.1 公共のお金

税金の役割

買い物をするとき、価格に消費税を加えた金額を支払います。「税金が高い、安い」といった会話もよく聞きます。税金はどのような役割としくみをもっているのでしょうか。

私たちが利用している公共サービスの例

もしも税金がなかったら

 私たちが社会で生活している中で何気なく使っている道路や信号、公園なども、つくるためにはお金が必要だね。もしも税金のしくみがなかったら、とても不便な世の中になってしまうね。

病院で診療費を払うけど、実際にかかっているお金はもっと高いんだ。不足分は健康保険などから支払われるけど、その制度を維持するためにも税金が使われているよ。

ひとくちメモ　中国の歴史書・魏志倭人伝の記述の中に、「女王卑弥呼が治める邪馬台国では、種もみや絹織物が貢物として国に納められてい

納税は国民の義務です。日本国憲法では第30条で「国民は、法律の定めるところにより、納税の義務を負ふ。」としています。
　私たちが利用する公共施設や公的サービス、たとえば日本では、小学生、中学生の教科書は無償配布されます。公立の小学校、中学校ならば、授業料を払う必要もありません。これらはすべて、税金でまかなわれています。
　道路や鉄道などの社会インフラの整備、警察や消防・救急、健康保険や年金などの制度にも税金が使われます。外交や防衛などの予算も必要です。
　私たちは、税金を負担することによって、私たち自身で私たちの社会を支えているのです。

公共のお金

税金のしくみ（国税の場合）
税金には国税と地方税があります。国税は次のような流れで使われています。

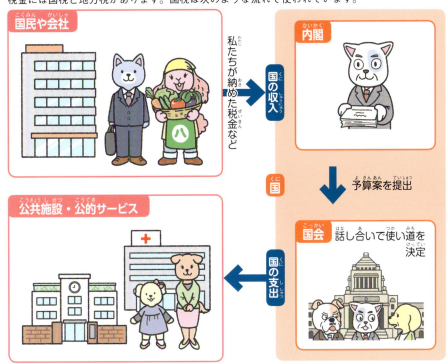

おもな税の種類
税金は、負担する人と納める人が同じとなる「直接税」と、消費税のように負担する人と納める人が異なる「間接税」にわけられます。たとえば、私たちが買い物をしたときに払う消費税は、負担しているのは買った人ですが、実際に国や地方公共団体に納めるのは売った人です。

もっとくわしく！ ⇒p.193

直接税

国税：所得税／復興特別所得税／法人税／相続税／贈与税
道府県税：県民税／事業税／自動車税／不動産取得税／自動車取得税
市町村税：市町村民税／固定資産税／軽自動車税

間接税

国税：消費税／酒税／揮発油税／地方道路税／石油石炭税／たばこ税／関税／印紙税
道府県税：地方消費税／道府県たばこ税／ゴルフ場利用税／軽油取引税
市町村税：市町村たばこ税／入湯税

用語チェック
累進課税 ▷ 所得税は、所得が多くなるにしたがって、段階的に税率が高くなっている。このような制度を累進課税制度という。

る」と書かれているよ。これが、記録に残っている中で日本で一番古い税の記録なんだ。

123

act.1　公共のお金

世界のユニークな税

ポテトチップスを食べたら税金、兎を飼ったら税金……。「そ、そんな〜」と、思わず言ってしまいそうな風変わりな税制度が、世界にはあるのです。

🍡 世界のユニークな税

ポテトチップス税

2011年にハンガリーで施行された税の通称。砂糖や塩分の多い飲食品に課税されます。肥満に結びつく食品に課税することで、肥満を減らそうという狙いがあります。

空気税

18世紀のフランスで導入が検討された税。フランスはルイ15世の時代、逼迫した財政を立て直す必要に迫られました。特権で守られた貴族や僧侶からも徴税できるよう、万人が必要とする空気に課税しようとしましたが、国民の大反対にあい頓挫しました。

バター税

ハンガリーのポテトチップス税と同じく、肥満防止を狙い2011年にデンマークで導入された税の通称。英語では「Fat Tax」と表現されるので、「肥満税」などともいわれます。食品中に含まれる不飽和脂肪酸の量に応じて課税されます。

月餅税

月餅は中国の焼き菓子で、中に餡などが入っています。月餅を食べながら月を愛でる風習があることから、中秋節（旧暦8月15日）には企業が社員に月餅を配る習慣があります。この月餅を「収入の一部」ととらえ、課税対象としたのが月餅税ですが、世論の猛反発にあいすぐに廃止されました。

家畜ゲップ税

牧羊大国・ニュージーランドには国民1人当たり6.9頭ものヒツジがいます。ヒツジはよくゲップをする動物ですが、ゲップには二酸化炭素などが多く含まれています。たかがゲップですが、これだけ頭数がいると相当なもの。地球温暖化にも悪影響を及ぼすということで、その対策費確保のために2014年に制定されました。

渋滞税

イギリスのロンドンは渋滞がひどく、都心部の自動車の平均速度がビクトリア王朝のころの馬車の速度と変わらないといわれるほど。そこで、都心部に流入する自動車の量を抑制するために2003年に制定されたもので、特定の日時に特定のエリアに入る場合に課税されます。この税の導入で渋滞は30％解消し、交通量は15％減少したと発表されています。

ひとくちメモ　古代ローマでは、なんとおしっこに税がかけられたよ。古代ローマ人は尿に含まれるアンモニアが強い洗剤として使えることを

世界の「どうしてそんな税が……」と思うような税制度にも、それなりの理由があります。

一つは、「税収の確保」です。戦争などで莫大な財源が必要になったときに導入されることが多いようです。

もう1つの課税目的は、何らかの社会問題があるときに、その問題の原因を抑制したり、問題解決のための財源を確保するためです。下で紹介している「渋滞税」や「家畜ゲップ税」がこれにあたります。「兎税」も、税収そのものが目的というよりも、兎を課税対象とすることで、常軌を逸して高騰する兎取引を鎮静化させることが目的の税ということができるでしょう。

独身税

少子化が問題になっていたブルガリアで、1968〜1989年に導入されていた税。成人で独身の場合5〜10%の税を課すことで結婚をうながそうとしたのですが、独身時代の重い税によって結婚資金をためることができず、かえって結婚できない若者が増加。出生率は税の施行前よりも下がってしまうという結果に終わりました。

学位税

オーストラリアの税制度。大学卒業以上で一定以上の収入があると課税の対象になります。オーストラリアの大学はほとんどが国立。そのため、大学を卒業したということはそれだけ国費による恩恵を受けたといえ、その分を卒業後に負担するという意味合いがあります。一種の奨学金制度に近いといえるかもしれません。

日本にもあった風変わりな税

しょう油税

江戸時代、しょう油の製造は免許制で、税を納めなければなりませんでした。明治政府もこれを引き継ぎましたが、しょう油は日常生活品であるため、いったん廃止されました。ところが日清戦争の軍費調達のため明治18年に復活。大正15年まで続きました。

犬税

明治時代に府県税として生まれ、一部では昭和50年まで市町村税として存在しました。地方税なので税額や課税対象はさまざま。京都府と群馬県では「狆」は猟犬として使用するという理由で、それ以外の犬種よりも税率が高く設定されていました。

兎税

明治の初めごろ、ペットとしての兎の人気が急上昇。毛色の変わった兎を高額で取引する「兎会」なども開かれ、商売で稼いだお金や、武士から士族に身分が変わった時に支給された家禄奉還金をつぎ込む者さえ現れました。これを好ましく思わなかった東京府（当時）は、兎1羽につき月1円という高額の税をかけたのです。

> 犬税と兎税、どちらも飼っている動物に関係する税だけど、その税が生まれたきっかけや、税の目的はまったく違うんだね。

発見。公衆トイレにたまった尿の取引が始まったんだ。ウェスパシアヌス帝がこれに課税し、相当な税収になったといわれているよ。

第4章 国や地方自治体のお金のはなし

act.1 公共のお金

国家予算

日本の国のお金である「国家予算」は、どれくらいの金額なのでしょうか。また、どのような内訳になっているのでしょうか。

日本の一般会計の内訳

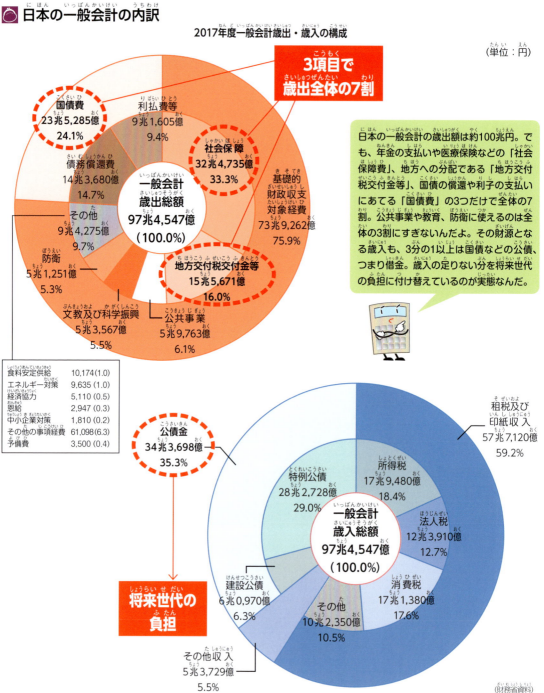

2017年度一般会計歳出・歳入の構成 （単位：円）

歳出
- 国債費 23兆5,285億 24.1%
- 利払費等 9兆1,605億 9.4%
- 社会保障 32兆4,735億 33.3%
- 基礎的財政収支対象経費 73兆9,262億 75.9%
- 債務償還費 14兆3,680億 14.7%
- 一般会計歳出総額 97兆4,547億（100.0%）
- その他 9兆4,275億 9.7%
- 防衛 5兆1,251億 5.3%
- 文教及び科学振興 5兆3,567億 5.5%
- 公共事業 5兆9,763億 6.1%
- 地方交付税交付金等 15兆5,671億 16.0%

3項目で歳出全体の7割

その他内訳：
- 食料安定供給 10,174 (1.0)
- エネルギー対策 9,635 (1.0)
- 経済協力 5,110 (0.5)
- 恩給 2,947 (0.3)
- 中小企業対策 1,810 (0.2)
- その他の事項経費 61,098 (6.3)
- 予備費 3,500 (0.4)

歳入
- 公債金 34兆3,698億 35.3% → 将来世代の負担
- 特例公債 28兆2,728億 29.0%
- 建設公債 6兆0,970億 6.3%
- 租税及び印紙収入 57兆7,120億 59.2%
- 所得税 17兆9,480億 18.4%
- 法人税 12兆3,910億 12.7%
- 消費税 17兆1,380億 17.6%
- その他 10兆2,350億 10.5%
- その他収入 5兆3,729億 5.5%
- 一般会計歳入総額 97兆4,547億（100.0%）

日本の一般会計の歳出額は約100兆円。でも、年金の支払いや医療保険などの「社会保障費」、地方への分配である「地方交付税交付金等」、国債の償還や利子の支払いにあてる「国債費」の3つだけで全体の7割。公共事業や教育、防衛に使えるのは全体の3割にすぎないんだよ。その財源となる歳入も、3分の1以上は国債などの公債、つまり借金。歳入の足りない分を将来世代の負担に付け替えているのが実態なんだ。

（財務省資料）

ひとくちメモ 世界の中で国家予算の規模が一番大きい国はどこだろう。アメリカ合衆国中央情報局（CIA）がまとめた2012年のデータによ

日本の国家予算は、政府が作成し、国会の承認を得たうえで施行され、一般的な行政のために使われる「一般会計」は、90〜100兆円程度です。

歳出（支出）と歳入（収入）は同じ額になりますが、国の収入のほとんどを占める一般会計の「税収」は約60兆円ですから、税収だけでまかなうことはできません。そこで国債を発行するわけですが、国債は期限がきたら利子をつけて償還しなければなりません。歳出でも医療費などの社会保障費や、これまでに発行した国債の償還にあてる国債費などが大きくのしかかっており、今後もこの傾向は続きそうです。国家予算全体を見ても、負担の先送りの連鎖が続いているといえるでしょう。

公共のお金

日本の一般会計の推移

一般会計の総額は、2000年以降、90〜100兆円規模となっています。

社会保障関係費と地方財政費、国債費の占める割合が大きい状況が続いているね。しかも社会保障関係費と国債費は増加しているよ！

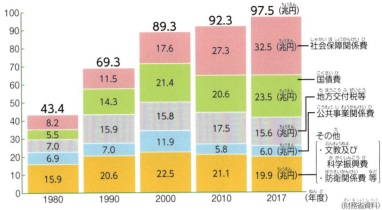

（財務省資料）

特別会計の推移

国の会計には、一般的な行政にかかる経費をまとめた「一般会計」のほかに、特定の事業ごとの会計である「特別会計」があります。

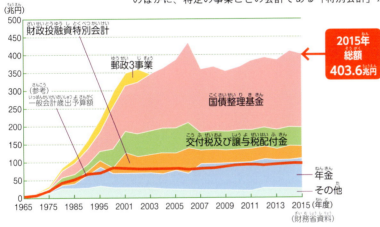

2015年総額403.6兆円

昔は少なかった特別会計も、いまでは400兆円以上の規模になっているよ。その財源の一部は国債の発行によってまかなわれている上、一般会計に比べると国会による審議も十分に行われていないのが問題だ——という指摘もあるよ。

国家予算の国際比較

順位	国	予算額（2012年）（日本円は1usドル＝85円で計算）	
		歳入	歳出
1	アメリカ	2兆4650億ドル（209兆5250億円）	3兆6490億ドル（310兆1650億円）
2	日本	2兆0250億ドル（172兆1250億円）	2兆5700億ドル（218兆4500億円）
3	中国	1兆8380億ドル（156兆2300億円）	2兆0310億ドル（172兆6350億円）
4	ドイツ	1兆5110億ドル（128兆4350億円）	1兆5110億ドル（128兆4350億円）
5	フランス	1兆3410億ドル（113兆9850億円）	1兆4580億ドル（123兆9300億円）
10	スペイン	4851億ドル（41兆2335億円）	5843億ドル（49兆6655億円）
15	ノルウェー	2829億ドル（24兆0465億円）	2067億ドル（17兆5695億円）
20	スイス	2127億ドル（18兆0795億円）	2111億ドル（17兆9435億円）
25	インドネシア	1392億ドル（11兆8320億円）	1606億ドル（13兆6510億円）
30	ギリシャ	1087億ドル（9兆2395億円）	1280億ドル（10兆8800億円）

※順位は歳入を基準。一般会計と特別会計を合わせた額。

（「The World Factbook」米国CIA）

人口や社会状況の違いもあるから単純に比較はできないけれど、日本の国家予算は世界第2位。第1位のアメリカとの差も小さいが、アメリカでは連邦政府以外に州政府など地方が負担している予算も大きいため、実質的な差は大きいといえるよ。それでも、ほかの国々と比べると、日本の国家予算がいかに大きいかがわかるね。

ると、第1位はアメリカで、歳入額は2兆4650億ドル（209兆5250億円）、歳出額は3兆6490億ドル（310兆1650億円）だったんだ。

127

act.1 公共のお金

地方自治体のお金

私たちが暮らしている市町村や都道府県などの地方自治体も、国と同じように予算を組んでいます。地方自治体は、どういったことにどれくらい予算を使っているのでしょうか。

地方財政のようす

●都道府県の歳入と歳出

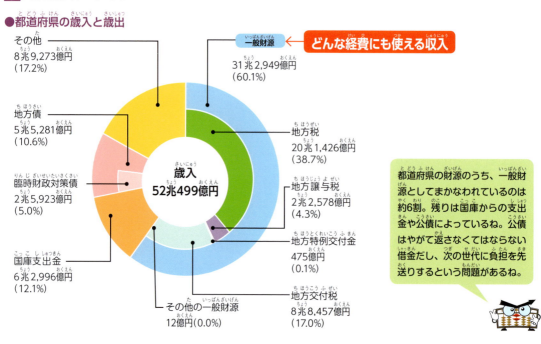

都道府県の財源のうち、一般財源としてまかなわれているのは約6割。残りは国庫からの支出金や公債によっているね。公債はやがて返さなくてはならない借金だし、次の世代に負担を先送りするという問題があるね。

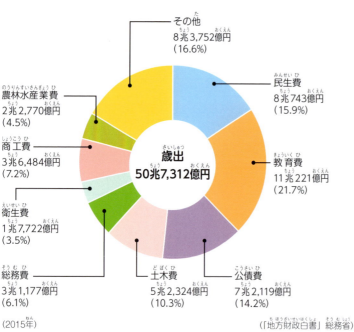

市町村の財源も、その構成比は都道府県の場合とほぼ同じだね。このデータは市町村全体を合わせたもので、大都市圏では人口が多いため地方税などの歳入が大きくなるけれど、人口が減少したり高齢化が進みつつある地方では、地方税の歳入が減少する一方で社会保障費は増えていくといった問題も起きているよ。

(2015年)　　　　　　　　　　（「地方財政白書」総務省）

ひとくちメモ　日本の自治体の中で予算規模が最も大きいのは東京都。2017年度の一般会計予算は約6.9兆円で、上下水道や地下鉄など公営企

国家予算の項目で、支出に占める地方交付金の割合が多いことがわかります。このことから、地方が国に頼ることによって私たちの暮らしが成り立っているような印象を受けるかもしれません。しかし、地方自治体の歳入のうち、国費からの支出金は約15％にすぎません。

その一方で、より生活に密着した行政に関しては、地方が多く負担しています。人口の減少や高齢化が進む地方では今後税収の減少が見込まれており、これらを維持することが難しくなる可能性も指摘されています。また、地方財政も国家財政と同じく巨額の公債によってまかなわれている点も忘れてはならないでしょう。地方自治体の財政も、さまざまな課題を抱えているのです。

国と地方の役割分担

●市町村の歳出と歳入

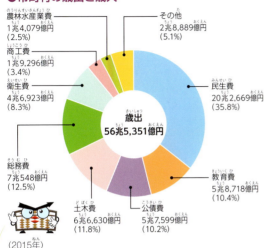

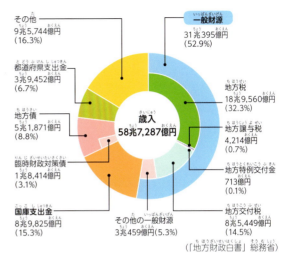

（2015年）

●政府支出に占める地方財政のウエート

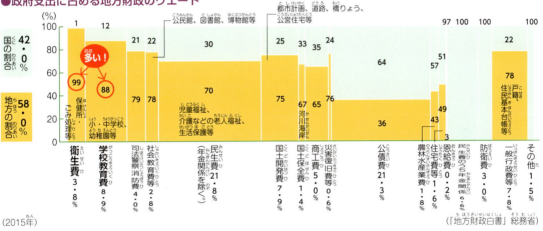

（2015年）
（「地方財政白書」総務省）

●国と地方との行政事務の分担

		公共資本	教育	福祉	その他
国		高速自動車道 国道（指定区間） 一級河川	国立大学 私立大学助成 教科書検定	健康保険、年金 医師等免許 医薬品許可免許	司法、外交、通貨 防衛 経済・金融政策
地方	都道府県	国道（指定区間外） 都道府県道 一級河川（指定区間） 二級河川 港湾	県立高等学校等 私立学校助成 小・中学校教員の給与・人事 公立大学（特定の県）	生活保護、児童福祉等 地域保健 病院、薬局	警察 防災 職業能力開発
	市町村	市町村道 準用河川 公共下水道 港湾	市町村立小中学校等 幼稚園 公害防止 産業廃棄物	生活保護、児童福祉等 国民健康保険、介護保険 上水道 一般廃棄物	消防 防災 住民登録・戸籍 職業紹介

国の予算だけで何とかしているのは防衛費と年金関係のみ。警察、消防や学校教育、衛生など私たちの生活に直結していることのほとんどは、地方の予算でまかなっているんだね。

業会計と特別会計を加えると総額13兆524億円。これはスウェーデン国家予算（約12兆円）を上回っているよ。

act.1 公共のお金

国の借金

個人や企業と同じように、国にも借金があります。日本の国にはどれくらいの借金があるのでしょうか。また、そこにはどのような問題があるのでしょうか。

増え続ける日本の国の借金

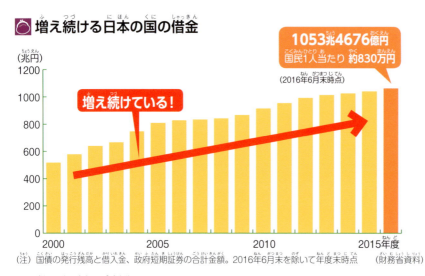

1053兆4676億円
国民1人当たり 約830万円
（2016年6月末時点）

増え続けている！

借金の9割近くが国債だよ。2000年以降ずっと増え続け、2013年には1千兆円を突破。そのあとも増加が続いているよ。このまま借金が増えて大丈夫なのか、ちょっと心配になるね。

（注）国債の発行残高と借入金、政府短期証券の合計金額。2016年6月末を除いて年度末時点　（財務省資料）

国の借金の内訳

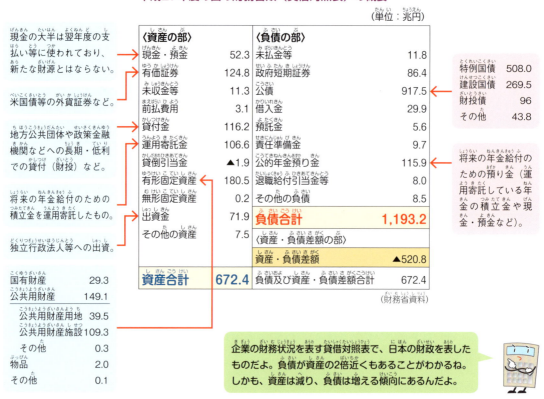

平成27年度の国の財務書類（貸借対照表）の概要
（単位：兆円）

〈資産の部〉		〈負債の部〉	
現金・預金	52.3	未払金等	11.8
有価証券	124.8	政府短期証券	86.4
未収金等	11.3	公債	917.5
前払費用	3.1	借入金	29.9
貸付金	116.2	預託金	5.6
運用寄託金	106.6	責任準備金	9.7
貸倒引当金	▲1.9	公的年金預り金	115.9
有形固定資産	180.5	退職給付引当金等	8.0
無形固定資産	0.2	その他の負債	8.5
出資金	71.9	**負債合計**	**1,193.2**
その他の資産	7.5	〈資産・負債差額の部〉	
		資産・負債差額	▲520.8
資産合計	**672.4**	負債及び資産・負債差額合計	672.4

- 現金の大半は翌年度の支払い等に使われており、新たな財源とはならない。
- 米国債等の外貨証券など。
- 地方公共団体や政策金融機関などへの長期・低利での貸付（財投）など。
- 将来の年金給付のための積立金を運用寄託したもの。
- 独立行政法人等への出資。

国有財産	29.3
公共用財産	149.1
公共用財産用地	39.5
公共用財産施設	109.3
その他	0.3
物品	2.0
その他	0.1

特例国債 508.0
建設国債 269.5
財投債 96
その他 43.8

将来の年金給付のための預り金（運用寄託している年金の積立金や現金・預金など）。

企業の財務状況を表す貸借対照表で、日本の財政を表したものだよ。負債が資産の2倍近くもあることがわかるね。しかも、資産は減り、負債は増える傾向にあるんだよ。

ひとくちメモ　正式な国債が初めて発行されたのはイギリスだと言われているよ。第二次英仏戦争の戦費を確保するために発行されたんだ。こ

国のおもな収入は税金ですが、税金だけでは足りません。大きな公共施設や社会インフラを整備するための資金は、長期的にはその施設などの使用料によってまかなうことができますが、建設の時点で巨額の資金を支出してしまうと、一般的な行政に使う予算が不足してしまいます。そこで「建設国債」を発行して資金を調達します。返すための収入が見込める借金です。

一方、社会保障や国債の償還費用など、公共事業以外の資金が不足した場合に発行される国債は「赤字国債」と呼ばれます。赤字国債は、現時点で不足している分の負担を将来の世代に先送りしているともいえます。近年、赤字国債の発行が増えていることが問題となっています。

国債のしくみ

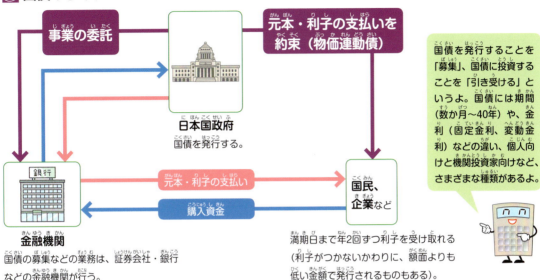

国債を発行することを「募集」、国債に投資することを「引き受ける」というよ。国債には期間（数か月〜40年）や、金利（固定金利、変動金利）などの違い、個人向けと機関投資家向けなど、さまざまな種類があるよ。

国債発行残高の推移

過去の国債を償還する（返す）ための資金を得るために国債を発行するといったことも行われていて、問題だという意見もあるよ。

の国債は富裕層が購入し、利子の支払いと返済には税金があてられたので、貧富の格差が広がる原因にもなったという意見もあるよ。

act.1　公共のお金

金融政策

各国の中央銀行は、公定歩合（中央銀行が民間の金融機関に資金を貸し出す際の金利）を調整することによって景気をコントロールしてきました。

公定歩合と景気

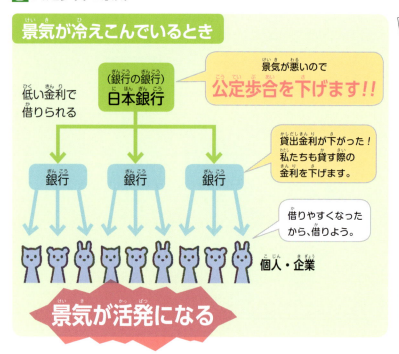

用語チェック

公定歩合（基準貸付利率）
中央銀行（日本銀行）が民間銀行に融資する際の金利のこと。
　公定歩合が下がると民間銀行の金利も下がるため、個人や企業は資金を借りやすくなり、経済活動は活発になる。
　反対に、公定歩合が上がると民間銀行の金利も上がるので個人や企業は資金を借りることを控える。これによって景気が落ち着く。
　日本では、1994年の金利自由化によって、日本銀行の貸出金利と民間銀行の金利とが直接連動はしなくなった。そのため、現在では「基準貸付利率」と呼ばれるようになった。

金利を下げすぎるとインフレになるし、金利を上げすぎるとデフレになるから、注意が必要だね。

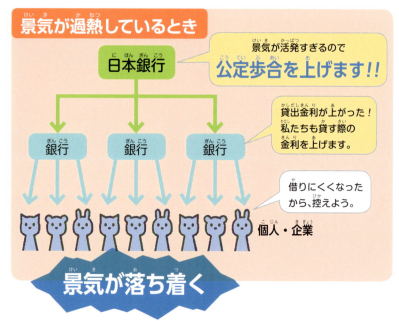

ひとくちメモ　江戸幕府の老中の松平定信は、江戸の町の運営に必要なお金として地主たちが納めていた「町入用」を節減させ、その分を奉行

経済政策には、国が行う財政政策と、中央銀行（日本の場合は日本銀行）が行う金融政策とがあります。
金融政策は、基準貸付利率（いわゆる公定歩合）の調整や公開市場操作などによって、市場に流通している資金量を調整することによって景気を活発にさせたり、落ち着かせたりします。

公定歩合が極端に低い状況が問題になることがありますが、これは、公定歩合が低すぎるとさらにそれを引き下げることが難しくなり、日銀の金融政策としての手段が限られてしまうからという側面もあります。
ある程度、金利を上げることも下げることもできる状況が、金融政策としては望ましいといえます。

公開市場操作

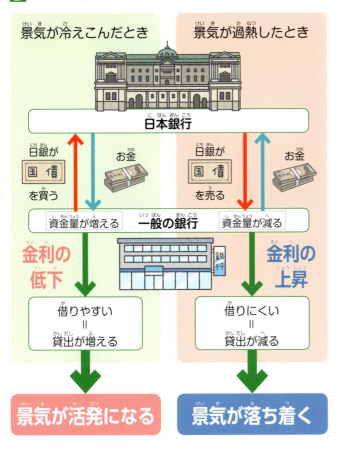

用語チェック

公開市場操作▷中央銀行（日本銀行）が、一般の市場で債券（国債、手形など）や有価証券を売り買いすることによって市場の資金量を調整する方法。

市場に資金が少ないときには、日本銀行が債権や有価証券を積極的に購入する（買いオペレーション：買いオペ）。すると市場では資金量が増加して金利が下がる。これによって個人や企業は投資活動が行いやすくなり景気が活発になる。

反対に、市場に資金がだぶついているときに債券や有価証券を売却して市場の資金量を減らす（売りオペレーション：売りオペ）。資金量が減ると金利が上がるので、個人・企業の投資が行いにくくなり、景気は落ち着く。

金利の自由化により公定歩合による直接的な景気調整が難しくなっているため、現在ではこの公開市場操作によって金融政策が行われるようになっている。

経済成長を促すための通貨供給では市場から長期国債を購入する国債の買いきりオペが行われ、通常の金融調整のためにはそれ以外のオペレーションが行われる。

インフレーション（インフレ）とデフレーション（デフレ）

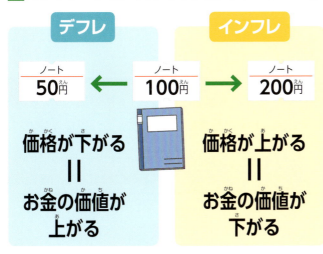

あるノートに100円の値段がつくということは、ノートと100円が同じ価値だということ。
値下がりは、より少ないお金で同じモノを買えるようになることだから、お金の価値が上がったことになる。これがデフレだよ。
反対に値上がりは、よりたくさんのお金を払わないと買えなくなることだから、お金の価値が下がったことになる。これがインフレだよ。

第4章 国や地方自治体のお金のはなし

act.1 公共のお金

社会保障制度

国の予算を見てみると、社会保障費が大きな部分を占めています。では、社会保障とは具体的にはどのような制度のことをいうのでしょうか。

💰 日本の社会保障制度を知ろう

社会保険制度

●医療保険
病気やけがをしたときの医療費として保険金が支給される。会社や役所などに勤めている人が入る「健康保険」と、自営業の人などが入る「国民健康保険」とがある。

●雇用保険
労働者が失業したり、雇用の継続が困難になったりしたときに保険金が支給される。

●年金保険
高齢になったり障害を負ったりしたときに保険金が支給される。会社や役所などに勤めている人が入る「厚生年金」と、自営業の人などが入る「国民年金」とがある。

●労災保険
業務上の理由でけがをしたり、病気になったり、死亡したときに保険金が支給される。

社会福祉制度

●児童福祉
保育所、子ども手当、高校の授業料無償化など、育児や教育のサポート。

●高齢者福祉（介護保険）
高齢などによって介護が必要になった場合の費用として保険金が支払われる介護保険のほか、高齢者の生きがいづくり、高齢者向け住宅の整備など。

●母子・寡婦福祉
経済的にも社会的にも精神的にも不安定な生活になりがちな母子世帯に対するサポート。また、母子家庭の母親（寡婦）は、育児の負担が大きかったため、子どもが自立後も困難な状況にあることが多く、あわせてサポートする。

●障害者福祉
障害のある人が自立した生活を目指すためのサポートや、重い障害をもつ人やその家族のための生活支援など。

公衆衛生及び医療制度

医療や保健のほか、健全な児童の出生と育成を増進するための母子保健、食品や医薬品の安全性を確保する公衆衛生など、人々が健康に生活できるようにするための制度。

後期高齢者医療制度

75歳以上の後期高齢者のための医療保険制度。さまざまな問題が指摘され、見直しも検討されている。

公的扶助制度

●生活保護
困窮している人に対して経済的な支援を行い、健康で文化的な最低限度の生活を保障するとともに、その自立を助長する。

●生活福祉資金貸付制度
低所得世帯、障害者世帯、高齢者世帯、失業者世帯に対し、福祉資金、教育支援資金などを無利子または低利で貸し付ける制度。

社会保障とは、個人が生きていく上でのリスクを予防し、困っている人を助け、所得の再分配によって生活を安定させるためのさまざまな制度をまとめて表したものだよ。

ひとくちメモ　旧約聖書の申命記には「畑で刈り取った穀物の一部を畑に置き忘れたら、それをとりに戻ってはならない。それは外国から身を

日本では誰もが医療保険に加入する「国民皆保険」のしくみがあります。私たちが病院で支払う医療費は、実際にかかった医療費の3割にすぎません。残りの7割は医療保険から支払われます。この制度がなかったら、私たちは病院に行くたびにいままで支払っていた3倍以上の医療費を支払わなければなりません。中にはお金がなくて病院に行けない人が出てくるかもしれません。

世界にはアメリカをはじめ国民皆保険の制度をもたない国がありますが、この制度は、私たちが安心して暮らせる社会づくりに役立っているといえるでしょう。

ただし、こういった制度を維持するためには保険料だけでなく国としての支出も必要となります。

公共のお金

対GDP比での社会保障費

医療保険制度のしくみ

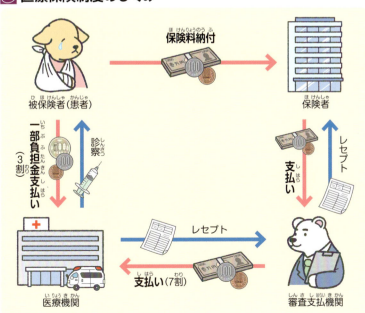

どの国も、高齢者福祉や年金、医療などのための支出が社会保障費の中の大きな部分を占めているね。一方、日本は他の国と比べると、障害者や労働災害、家族（育児）への支出が少ない傾向にあることがわかるね。

日本の医療保険は、会社や役所、団体などに勤めるサラリーマンなどが加入する被用者保険（社保）、自営業やサラリーマンをやめた人などが加入する国民健康保険（国保）があるよ。社保の保険者は健康保険組合、国保の保険者は市町村などだね。レセプトというのは医療機関が保険者に請求する医療報酬の明細書のことだよ。

寄せている人や孤児、未亡人のものだ」と書かれているよ。これを、「世界最古の社会保障制度だ」という人もいるよ。

第4章 国や地方自治体のお金のはなし

act.1 公共のお金

年金制度

社会保障制度の中で重要な部分を占めているのが年金制度です。年金制度とはどのようなものなのでしょうか。また、日本の年金制度にはどのような特徴があるのでしょうか。

🎯 年金の種類

私的年金

- **個人型確定拠出年金**：加入者が掛金を出し、対象となる金融商品の中から商品を選び、年金資産の運用を自ら行う。
- **個人年金**
- **厚生年金基金／確定給付企業年金／企業型確定拠出年金**：企業や、企業が設立した厚生年金基金が掛け金を積み立てたり、運用したりして、厚生年金に上乗せして年金を支給する。
- **企業年金**
- **年金払い退職給付**：民間の企業年金にあたるもの。
- **国民年金基金**：自営業者などが、老後の所得保障の充実を図るために、任意で加入する。

公的年金

- **厚生年金**：会社員や公務員などが、国民年金に加えて加入する。
- **国民年金（基礎年金）**：日本に住む20歳以上60歳未満のすべての人が加入している年金。「基礎年金」という言い方もされる。

日本に住んでいる人は、満20歳になると全員国民年金に加入し、年金保険料を払う義務が生じ、一定の年齢に達すると年金が支給されるようになるよ。

厚生年金は会社も保険料を支払うことで、やがて国民年金の支給額に上乗せして支払われるんだ。

 自営業者など（第1号被保険者）
 会社員（第2号被保険者）
 公務員など（第2号被保険者）
 専業主婦（主夫）（第3号被保険者）

🎯 公的年金と私的年金（民間）

	公的年金	私的年金（民間）
加入者	国民の義務として日本に住むすべての人が加入	個人の自由意志で加入
給付の特徴	物価などの上昇に合わせて実質的な価値が保障された給付	自分が積み立てた保険料とその運用益の範囲で給付
給付の種類	老齢年金、障害年金、遺族年金のすべてをカバー	年金の種類や期間、保険料も多様
運営	国と日本年金機構（基礎年金の1/2と運営事務経費の多くは、国（税金）で負担）	民間の保険会社
生活が苦しいときの保険料の支払い	保険料の免除制度を利用できる	保険料の免除制度はなく、契約の変更または解約となる
保険料の控除	保険料は全額所得控除の対象	保険料は一定額まで所得控除の対象

公的年金をベースにして、私的年金をプラスする方法もあるよ。

公的年金の空白期間や不足分を計画的に準備したいという人には、公的年金をベースにして、私的年金をプラスする方法もあるよ。

ひとくちメモ 日本の年金制度は、明治時代に軍人や公務員を対象につくられた「恩給」の制度がもとになっているといわれてるよ。佐賀の乱

年金とは「年金保険」ともいい、保険の一種です。老齢年金、障害年金、遺族年金などがあり、毎月保険料を支払うことで、一定の条件になったとき（例えば老齢年金の場合は所定の年齢に達したとき）以降に、毎年一定の金銭を受け取ることができる制度です。民間の保険会社などによる年金もありますが、一般に「年金」といった場合は、国による年金制度である公的年金をさすことが多いようです。

日本の年金制度は「２階建て」といわれます。20歳以上の国民すべてが加入する国民年金（基礎年金）と、会社員などが加入する厚生年金などが組み合わさっているからです。年金制度は国によって大きく異なります。

各国の公的年金制度

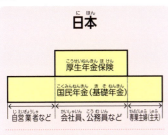

日本
- 国民年金は日本に住むすべての人が対象で、所得に応じて給付額が決まる。
- 国庫の負担→基礎年金給付費の50%

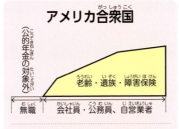

アメリカ合衆国
- 会社員・公務員、自営業者のみが対象で、所得に応じて給付額が決まる。
- 国庫の負担→原則なし

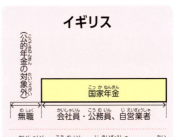

イギリス
- 会社員・公務員、自営業者のみが対象で、給付金額は一律。
- 国庫の負担→原則なし

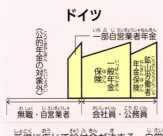

ドイツ
- 所得に応じて給付金が決まる。自営業者は一部のみが対象。
- 国庫の負担→給付費の27.3%

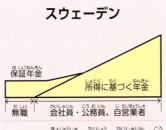

スウェーデン
- すべての居住者が対象。会社員・公務員、自営業者は所得に応じて給付金が決まる。
- 国庫の負担→保障年金部分のみ

年金の制度は国によってずいぶん違うね。日本のように国民皆年金の制度をもっている国はそれほど多くないんだ。年金に国庫からの負担がない国もあるよ。

日本の公的年金制度のしくみ

私たちが納めた年金の保険料は、いったん国庫に納められたあと、専門の独立行政法人を通じて金融市場で運用されています。

その利益が年金の支払いにあてられるんだ。運用によって資産を増やすことができるけど、金融市場の動向で予定した運用益が得られないリスクもあるよ。

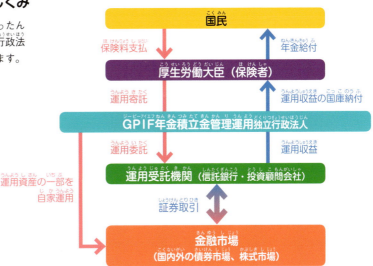

や台湾出兵などを背景に、明治8年4月、公務のために死亡したりけがをしたりして退職になった後の生活資金を給付する制度としてできたんだ。

第4章 国や地方自治体のお金のはなし

act.1 公共のお金

年金制度の問題

日本は国民皆年金制度（すべての国民が公的年金に加入すること）をもっています。しかし、近年になってこの制度の問題点も指摘されるようになりました。どのような問題があるのでしょうか。

1人の高齢者を何人で支えなければならないか

1960年 約11.2人 → 2010年 約2.8人 → 2060年 約1.3人

1人の高齢者をほぼ1人で支えなければならない時代が来る！

いま日本は「少子高齢化」と言われているよ。医学の発達などで長生きできるようになった一方で、子どもの数は減っているんだ。年金も、受け取る人が増えていくのに、新しい加入者が減っていくので、制度を維持していくのが難しくなっていくのではないかと心配されているよ。

●高齢化の推移と将来推計

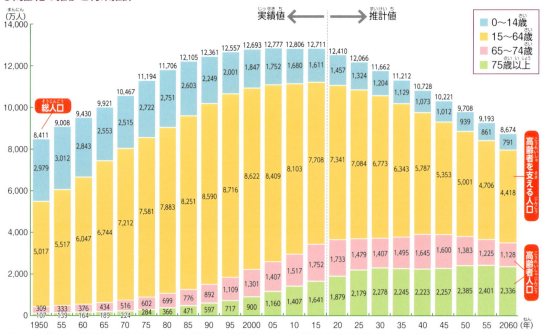

資料：2010年までは総務省「国勢調査」、2015年は総務省「人口推計（平成27年国勢調査人口速報集計による人口を基準とした平成27年10月1日現在確定値）」、2020年以降は国立社会保障・人口問題研究所「日本の将来推計人口（平成24年1月推計）」の出生中位・死亡中位仮定による推計結果。
（注）1950年～2010年の総数は年齢不詳を含む。高齢化率の算出には分母から年齢不詳を除いている。

ひとくちメモ　日本では洋風の民宿をペンションというね。ペンション（pension）とは、もともとは年金のこと。仕事をリタイアし年金生活

日本のようにすべての人が年金を受け取ることができ、年をとってからも安心して暮らすことができる制度をもっている国はそう多くはありません。

この制度ができた1960年ごろは、日本の経済成長や人口増加が続き、この制度はうまく機能していました。

しかし、さまざまな要因で日本でも少子化が進むようになり、日本社会の年齢別の構成比も変化してきました。高齢者が増える一方で、若い世代が減少する時代に突入したのです。また、世界的な経済状況の影響もあり、金利が低い状況が続いていることも、年金制度に影響を及ぼしています。そのため、制度を見直す必要があるという意見も出ています。

年金制度を襲う社会的な変化

●公定歩合（基準貸付利率）の推移

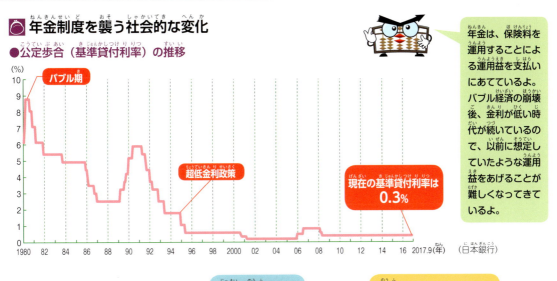

年金は、保険料を運用することによる運用益を支払いにあてているよ。バブル経済の崩壊後、金利が低い時代が続いているので、以前に想定していたような運用益をあげることが難しくなってきているよ。

●国民年金の保険料の納付率等の推移

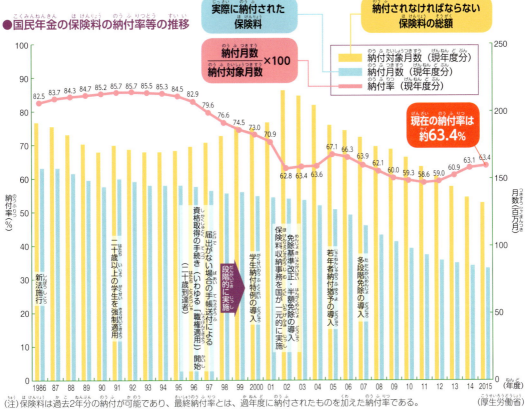

(注)保険料は過去2年分の納付が可能であり、最終納付率とは、過年度に納付されたものを加えた納付率である。（厚生労働省）

国民年金の保険料を納める割合（納付率）が次第に下がり、問題となっていたんだ。さまざまな努力で納付率は回復してきているけれど、経済的な理由などで国民年金の納付が免除されている人と、滞納している人もいるので、実際に国民年金の保険料を納めているのは、加入者の約40％程度ではないかという計算もあるんだ。

公共のお金

act.1 公共のお金

経済的な助け合い

私たちの社会の大切な機能のひとつに、助け合いがあります。経済的な面から見たとき、どのような助け合いのしくみがあるのでしょうか。

生活保護基準額（大都市部）の推移

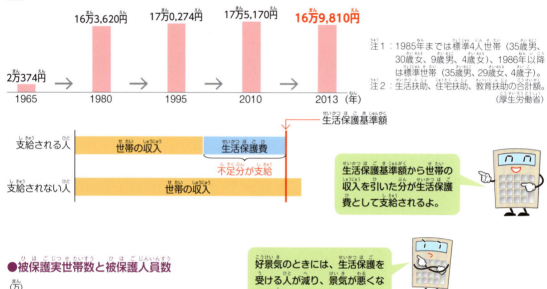

注1：1985年までは標準4人世帯（35歳男、30歳女、9歳男、4歳女）、1986年以降は標準世帯（35歳男、29歳女、4歳子）。
注2：生活扶助、住宅扶助、教育扶助の合計額。
（厚生労働省）

●被保護実世帯数と被保護人員数

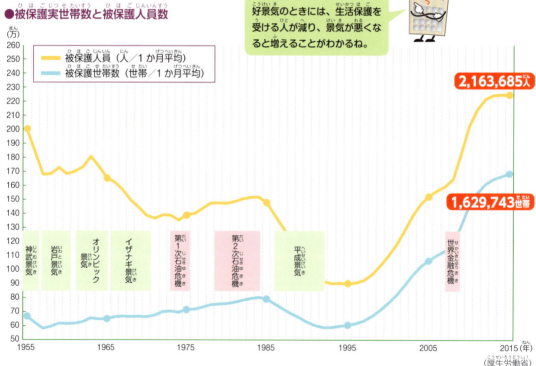

（厚生労働省）

経済的な発展によって生活保護を必要とする人は減少していたけれど、経済の二極化が進み社会の中での格差が広がったことで、保護が必要な人が再び増加しているね。大切な制度だけど、それを維持するのは大変なんだ。

ひとくちメモ　平安時代には朝廷による大学寮や、藤原氏の勧学院など有力貴族による大学別曹などの、官僚育成機関があり、そこで学ぶ人た

病気やけがをしたり、大きな災害に見舞われたり、何らかの理由で職を失ったりすると、収入が得られなくなり、生活を維持することが困難になってしまいます。このようなときのために、日本では「生活保護」の制度があります。生活保護は私たちが安心して暮らしていくために必要な制度です。

また、社会を維持していくためには、子どもたちの健康を守り、教育を受けさせることが重要ですが、そのための経済的な負担も大きなものです。そこで社会として経済的な面から子育てを支援するさまざまな制度がありますが、住んでいる自治体によって受けられる支援に差があるといった問題もあります。

就学支援金

●就学支援金支給の流れ

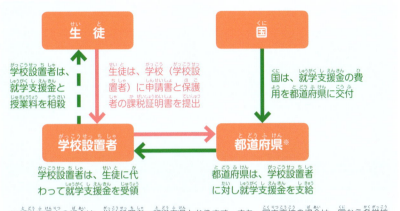

※都道府県立の場合は、学校設置者＝都道府県となります。また、国立高校の場合は、国から各学校設置者へ直接支給します。

国の就学支援金の補助額は、国公立高校の授業料とほぼ同額。都道府県の中には、私立高校に通う場合には補助を追加する制度をもっているところもあるよ。

子どもの医療費

●自治体ごとの乳幼児や義務教育就学児の医療費助成制度の例

自治体	対象年齢 入院	対象年齢 通院	所得制限（あり○ なし×）	自己負担（あり○ なし×）
札幌市	15歳	就学前	○	○
仙台市	15歳	9歳	○	○
山形市	15歳	15歳	×	×
東京都千代田区	18歳	18歳	×	×
横浜市	15歳	7歳	○	×
宇都宮市	12歳	12歳	×	×
新潟市	15歳	9歳	○	○
名古屋市	15歳	15歳	×	×
大阪市	15歳	15歳	○	○
和歌山市	15歳	就学前	○	○
広島市	就学前	就学前	○	○
松江市	12歳	12歳	×	×
松山市	15歳	就学前	○	○
高知市	就学前	就学前	○	×
福岡市	12歳	就学前	×	○
熊本市	9歳	9歳	×	○
那覇市	15歳	4歳未満	×	○

※対象年齢の「○○歳」は、各年齢になった年の年度末まで。
（厚生労働省）

高校卒業時まで

小学校入学前まで

小学校入学までで医療費の補助が終わってしまう自治体もあれば、高校卒業まで補助してくれる自治体もあるよ。自治体ごとにさまざまな理由があるのだろうけど、ずいぶん差が大きいね。

ちの食料を供給するために「勧学田」という田畑が与えられたんだ。これが日本で最初の奨学金制度だといわれているよ。

第4章 国や地方自治体のお金のはなし

act.1 公共のお金

公共事業と経済

国や地方自治体が道路や港湾、施設などをつくる公共投資は、経済とどのような関係があるのでしょうか。

国家による2つの景気刺激策

市場経済では、国家がものの価格や料金を直接コントロールすることはできません。しかし、財政政策と金融政策によって市場に関与し、景気をよくしたり、落ち着かせたりすることができます。

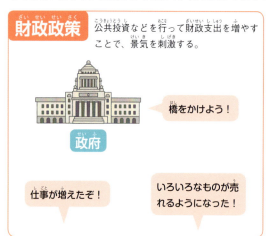

財政政策 公共投資などを行って財政支出を増やすことで、景気を刺激する。

橋をかけよう！

政府

仕事が増えたぞ！

いろいろなものが売れるようになった！

金融政策 中央銀行が金利をコントロールすることで市場に関与する。

金利を引き下げます。

日本銀行

ローンを組んで家を建てられるぞ。

新しい事業をはじめよう！

公共投資による景気刺激策

ジョン・メイナード・ケインズ
（イギリスの経済学者）

大不況下では、中央銀行が行う金融政策よりも、政府の公共投資で消費を直接的に増やす**財政支出政策**が最も効果がある。

フランクリン・ルーズベルト大統領
（第32代アメリカ大統領）

政府が市場経済に積極的に関与する、**ニューディール政策**を行い、世界恐慌からアメリカ経済を立ち直らせよう。

サンフランシスコにあるゴールデン・ゲート・ブリッジは、世界恐慌によってアメリカ経済が沈み込む中、景気対策の一環という後押しもあって、建設が決まったんだよ。

ひとくちメモ　世界の代表的な公共事業の一つに、ドイツの自動車専用道路・アウトバーンがあるよ。アウトバーンの建設は1920年代に始ま

道路や港湾、大規模な施設などを建設するときには、多くのお金が建設会社などに支払われます。仕事が増えることで雇用が生まれ、従業員の収入が増えれば消費活動も活発になります。このように、公共投資によって、直接、間接の経済効果が期待されます。建設された道路、港湾、施設などの「社会資本」が活用されれば、さらに経済的な効果も期待できます。

しかし、過剰な経済投資は税金のムダづかいになるだけでなく、建設後の維持費が予想以上にかかったり、建設のための国債の発行によって財政が圧迫されたりといったおそれもあり、あまり行うべきではないという考え方もあるのです。

公共のお金

公共投資の効果

公共投資

公共投資は、道路などのインフラが整備されることで人々の暮らしや経済活動にプラスの効果が生まれる面と、公共投資でお金が使われることによって、それにかかわる企業などの売上げが上がり雇用が増える効果が生まれる面の、2つの側面をもっているんだね。

フロー効果
公共投資の直接の受注者だけでなく必要な資材の購入、その生産のための雇用など、広く経済効果が広がっていくこと。

ストック効果
公共投資によって整備された道路などの社会資本により経済活動や国民生活に対し継続的、長期的な経済効果がもたらされること。

生産力効果
移動時間の短縮、輸送費の低下、貨物取扱量の増加など、生産性を向上させる効果。

厚生効果
アメニティ（快適性）の向上、衛生状態の改善、安心感の向上など、国民の生活水準を向上させる効果。

日本の公共事業費の推移

（財務省「日本の財政関係資料」）

日本の公共事業費は、1990年代後半をピークにその後減少。最近はほぼ横ばい状態が続いているよ。

公共事業によって景気対策を行うことには、さまざまな意見があるんだ。

公共事業による景気刺激策に対するさまざまな意見

積極意見
- 仕事が増えて、失業が減るし、所得の再分配にもなります。
- 利益を得た人がさらにお金を使うから、効果が何倍にも。
- 公共投資をすれば、将来のGDPを引き上げられます。

消極意見
- 仕事が増えるといっても、一時的なことでしょ。
- 公共投資をするよりも、その分税金を減らしたほうが公平なんじゃない。
- 道路や施設を作るのはいいけど、それを維持していく費用が大変だよ。

第4章 国や地方自治体のお金のはなし

act.1 公共のお金

自治体の破たん

資金のやり繰りがつかなくなった会社は倒産してしまうことがあります。では国や都道府県、市町村といった自治体の財政が破たんすると、どうなるのでしょうか。

自治体の破たんとは

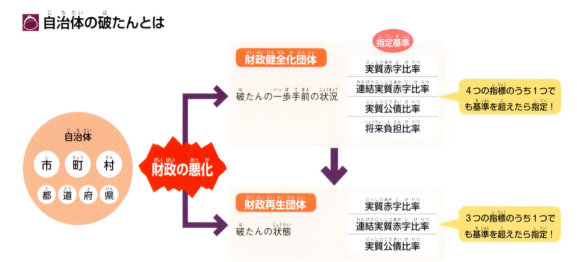

●夕張市の例

破たんの原因
- 市の主要産業の炭鉱の閉鎖
- 石炭会社が所有していた病院や水道などを市が買収
- 石炭会社が多額の税金を未納
- 市の観光振興策が失敗　など

→ 2007年、353億円の赤字を抱えて破たん！

破たん後
- 小学校6校、中学校3校がそれぞれ1校ずつに
- 税金がアップし、ごみ出しが有料に
- 市職員の給料が約4割減額、職員数が半数に　など

夕張市は2027年の計画達成に向けてがんばっているよ。

●財政健全化法に基づく4指標

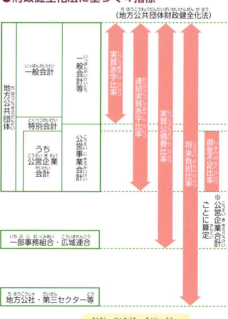

財政再生基準	20%	30%	35%	—
早期健全化基準	11.25〜15%	16.25〜20%	25%	350%　政令市は400%

財政規模に応じて異なる
（数値は市町村の基準）

もっとくわしく！→p.192

ひとくちメモ　自治体が破たんし公務員の人件費が削減されるとさまざまな不都合が起きるよ。たとえばアメリカ・カリフォルニア州のヴァレ

国や都道府県、市町村といった自治体だからといって、資金繰りは自由自在、借金を返せなくても問題なし——というわけではありません。借入金の返済額が収入（歳入）を大きく上回って返済できない状態となり、自治体としての運営を継続していけない状態に陥ることがあります。自治体の財政破たんです。

会社の経営が破たんした場合、債務を整理し、会社を清算することができます。しかし自治体の場合は、その自治体をなくしてしまうことはできません。国などの管理・監督のもと、財政の再生計画にのっとり、歳出の引き締めと歳入の確保という厳しい現実に取り組んでいかなければならないのです。

公共のお金

自治体の財政状況の推移

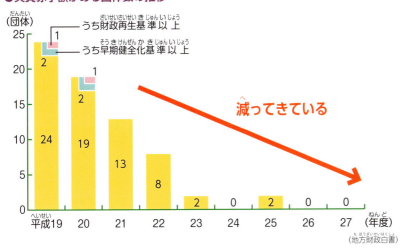

バブル経済の崩壊後は破たんの危機に陥る自治体があったけど、近年は改善してきたね。

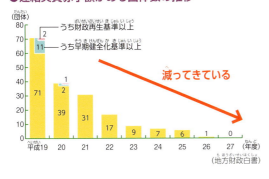

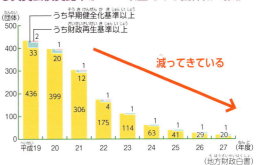

財政が破たんした世界のおもな国や自治体

自治体だけじゃなく、国の財政が破たんしちゃうこともあるんだよ。

もっとくわしく！➡p.194

一ホ市では、警察官の人数が削減されたことを聞きつけ空き巣や麻薬の密売人などが流れ込んできて、治安が悪くなったといわれているよ。

145

超財政難だった明治政府

COLUMN 4

●あっちもこっちも借金だらけの明治政府

　今から、約150年前の1867（慶応3）年、15代将軍徳川慶喜が、朝廷に政権を返還（大政奉還）し、江戸幕府は滅亡。明治政府が誕生しました。誕生はしたものの、この新政府は**大変な財政難**でした。もともと、江戸時代末期にはすでに、幕府も全国の諸藩も財政面で行き詰まり、大商人に多額の借金をしていたのです。

　こんなエピソードがあります。

　大政奉還の翌年から、旧幕府軍と新政府軍との内戦（戊辰戦争）が1年半にわたって続きました。その初戦となった鳥羽・伏見の戦いに勝利した新政府軍は、横須賀にあった旧幕府の造船所を接収しようとしました。ところが調べてみるとこの造船所は、旧幕府がフランスの銀行からお金を借りたときの担保となっていたのです。幕府はそのお金を返していなかったので、このままでは借金のカタとして没収されてしまいます。

　新政府が幕府に代わってその銀行にお金を返せればいいのですが、新政府も成立したばかりでお金はスッカラカン。やむを得ず、新政府はイギリスの銀行から借り入れをして旧幕府の借金を清算し、造船所を手に入れることにしました。もちろんイギリスの銀行も、担保がなければお金を貸してはくれないので、新政府は横浜港の関税収入を担保とすることにしました。急速に貿易が活発になった時代だったからこそ可能だった苦肉の策といえるでしょう。

●給料が払えないから暦を替えよう!?

　新政府財政の大きな悩みのたねが、人件費でした。全国に約45万人いた各藩の士族（武士）を引き継いだ新政府は、毎月その給料を払わなければならなかったのです。

　このような状況の中、1872（明治5）年11月9日、突然、暦を替えることが発表されました。それまでは、旧暦（太陰暦）を使っていましたが、翌年から欧米と同じ太陽暦に切り替えることにしたのです。

　太陰暦は月の満ち欠けを基準としており、太陽暦と誤差が生じます。その誤差を修正するため、3年に一度、うるう月のある年（1年が13か月ある年）がやってきます。1873（明治6）年は、この13か月の年にあたっていました。政府の役人は月給制ですから、政府は13回給料を払わなくてはいけません。そこで新政府は、1年が12か月で固定されている太陽暦を急遽導入することで、1873年も給料が12回ですむようにしたのです。

　おまけに、1872年の旧暦12月3日が、新暦の1873年1月1日に当たっていました。1872年の12月はたった2日しかなかったのです。そこで新政府は「たった2日の月に月給は払えない」とやむやにしてしまい、12月分の給料は払いませんでした。つまり、改暦することで2か月分の給料を節約してしまったのです。

第5章

世界経済のはなし

世界の国々は、経済によってどう結びついているのかな？インターネットは世界経済とどう関係しているんだろう？

第5章 世界経済のはなし

act.1 日本と世界

港に停泊している貨物船です。船上には多くのコンテナが積まれているようです。

日本はいま、世界中の多くの国と密接に結びつくことによって、社会が成り立っています。

これらの輸出・輸入にも経済は深くかかわっています。日本の景気がよくなると、他国の通貨に対して日本の円が強くなります。日本から見たら、安く輸入できるようになるわけです。しかし、輸入品が多く出回るようになると、同じものを作っている国内の産業が衰退してしまうおそれもあります。

反対に日本の円が弱くなると、輸出がしやすくなります。ただし、輸入が割高になるので、海外からの輸入に頼っている原材料や石油、石炭などが値上がりし、コスト高になってしまうおそれもありますので、簡単に喜ぶわけにもいきません。

そして大切なことは、いまの日本では輸出も輸入も大切だということ。どちらか一方がうまくいかなくなれば、日本の経済全体に大きな影響が生じてしまうのです。

第5章 世界経済のはなし

act.1 日本と世界
日本からの輸出

日本は貿易によって世界の多くの国々と結びついています。では、日本はどのような国に、何を輸出しているのでしょうか。また、日本からの輸出にはどんな特徴があるのでしょうか。

🍊 日本からのおもな輸出先は？

●日本からの輸出先（上位10位）

最近はこの2国が1位、2位！

(2016年現在)

🍊 日本からの輸出先の移り変わり

(単位：兆円)

順位	1990年 輸出総額[41.5]	2000年 輸出総額[51.7]	2010年 輸出総額[67.4]	2016年 輸出総額[70.0]
1	アメリカ 13.6 (31.5%)	アメリカ 15.4 (29.7%)	中国 13.1 (19.4%)	アメリカ 14.1 (20.2%)
2	ドイツ 2.6 (6.2%)	台湾 3.9 (7.5%)	アメリカ 10.4 (15.4%)	中国 12.4 (17.6%)
3	韓国 2.5 (6.0%)	韓国 3.3 (6.4%)	韓国 5.5 (8.1%)	韓国 5.0 (7.2%)
4	台湾 2.2 (5.4%)	中国 3.3 (6.3%)	台湾 4.6 (6.8%)	台湾 4.3 (6.1%)
5	香港 1.9 (4.6%)	香港 2.9 (5.7%)	香港 3.7 (5.5%)	香港 3.7 (5.2%)
6	イギリス 1.6 (3.8%)	シンガポール 2.2 (4.3%)	タイ 3.0 (4.4%)	タイ 3.0 (4.2%)
7	シンガポール 1.6 (3.7%)	ドイツ 2.2 (4.2%)	シンガポール 2.2 (3.3%)	シンガポール 2.2 (3.1%)
8	タイ 1.3 (3.2%)	イギリス 1.6 (3.1%)	ドイツ 1.8 (2.7%)	ドイツ 1.9 (2.7%)
9	オーストラリア 1.0 (2.4%)	マレーシア 1.5 (2.9%)	マレーシア 1.5 (2.3%)	オーストラリア 1.5 (2.2%)
10	カナダ 1.0 (2.4%)	タイ 1.5 (2.8%)	オランダ 1.4 (2.1%)	イギリス 1.5 (2.1%)

(財務省資料)

> 1990年以降、アメリカ、韓国、台湾、香港は、ほぼ安定して上位に入っているね。中国は1990年にはランク外だったのに2000年から急上昇！　中国国内の経済成長がうかがえるよ。ドイツやイギリスの順位は低下する一方で、タイへの輸出が増加。アジア全体の経済活動が活発になっていると考えられるよ。

ひとくちメモ　江戸時代、日本は鎖国をしていたけれど、オランダ商人を通じて貿易を行っていたよ。おもな輸出品は金、銀、銅、陶器、漆器

日本は国土が狭く、地下資源も多くはありません。そこで、輸出品の中心は、さまざまな工業製品となります。
第二次世界大戦が終わったばかりのころは、素材加工型製品、軽工業品などが輸出の中心でした。1960年代になると鉄鋼、船舶、石油製品（プラスチック）などの重化学工業品が増加。1970～1980年代にかけては電子・電気機器や精密機器、自動車など輸出が急増し、日本は輸出大国となりました。
その後、中国をはじめとするアジア諸国などの新興国が台頭。日本はより高度な技術力を必要とするものや、付加価値の高い製品へと輸出の中心をシフトさせてきました。

日本のおもな輸出品目と輸出先は？

● 日本のおもな輸出品目（上位3位）と輸出先（上位10位）

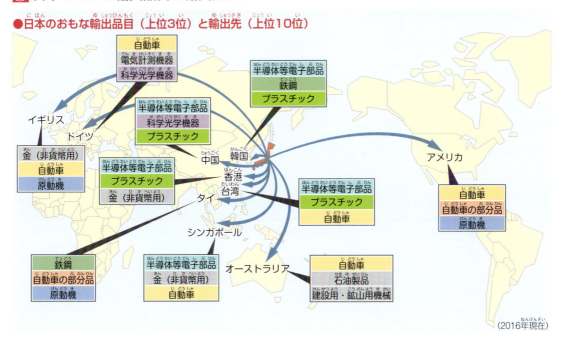

（2016年現在）

日本の輸出品目の移り変わり

欧米諸国には自動車などの「完成品」の輸出が多く、アジア諸国には部品類や素材の輸出が多くなっています。アジアでは日本から輸入した部品類を使って完成品をつくり、それを輸出していると考えられます。

順位	1990年 輸出総額 41兆4,569億円		2000年 輸出総額 51兆6,542億円		2010年 輸出総額 67兆3,996億円		2016年 輸出総額 70兆357億円	
1	自動車	17.8%	自動車	13.4%	自動車	13.6%	自動車	16.2%
2	事務用機器	7.2%	半導体等電子部品	8.9%	半導体等電子部品	6.2%	半導体等電子部品	5.2%
3	半導体等電子部品	4.7%	事務用機器	6.0%	鉄鋼	5.5%	自動車の部分品	4.9%
4	映像機器	4.5%	科学光学機器	5.1%	自動車の部分品	4.6%	鉄鋼	4.1%
5	鉄鋼	4.4%	自動車の部分品	3.6%	プラスチック	3.5%	原動機	3.5%
6	科学光学機器	4.0%	原動機	3.2%	原動機	3.5%	プラスチック	3.2%
7	自動車の部分品	3.8%	鉄鋼	3.1%	船舶	3.3%	科学光学機器	2.9%
8	原動機	2.7%	映像機器	2.7%	科学光学機器	3.0%	電気回路等の機器	2.5%
9	音響機器	2.3%	有機化合物	2.3%	有機化合物	2.8%	有機化合物	2.4%
10	通信機	2.1%	プラスチック	2.0%	電気回路等の機器	2.6%	電気計測機器	2.0%

※数字は、輸出総額シェア
（財務省資料）

輸出品目を見ると、ずっと自動車がトップ！ 日本経済における自動車産業の重要性を改めて感じるね。一方、映像機器（テレビなど）や科学光学機器（カメラなど）の順位は低下。世界におけるこれらの生産拠点が日本からアジア諸国に移った結果だね。

など。特に日本産の銀は良質で人気だったけれど幕府が輸出を禁止。その後、小判が金として輸出されたけど質が悪く、不人気だったんだ。

act.1　日本と世界

日本への輸入

日本は輸出するだけでなく、さまざまなものを、さまざまな国から輸入しています。どのような国から、どのようなものを輸入しているのでしょうか。

日本のおもな輸入先は？

最近は中国が1位！
(2016年現在)

日本のおもな輸入先の移り変わり
(単位：兆円)

順位	1990年 輸入総額[33.9]	2000年 輸入総額[40.9]	2010年 輸入総額[60.8]	2016年 輸入総額[66.0]
1	アメリカ 7.6 (22.4%)	アメリカ 7.8 (19.0%)	中国 13.4 (22.1%)	中国 17.0 (25.8%)
2	インドネシア 1.8 (5.4%)	中国 5.9 (14.5%)	アメリカ 5.9 (9.7%)	アメリカ 7.3 (11.1%)
3	オーストラリア 1.8 (5.3%)	韓国 2.2 (5.4%)	オーストラリア 4.0 (6.5%)	オーストラリア 3.3 (5.0%)
4	中国 1.7 (5.1%)	台湾 1.9 (4.7%)	サウジアラビア 3.2 (5.2%)	韓国 2.7 (4.1%)
5	韓国 1.7 (5.0%)	インドネシア 1.8 (4.3%)	アラブ首長国連邦 2.6 (4.2%)	台湾 2.5 (3.8%)
6	ドイツ 1.7 (4.9%)	アラブ首長国連邦 1.6 (3.9%)	韓国 2.5 (4.1%)	ドイツ 2.4 (3.6%)
7	サウジアラビア 1.5 (4.4%)	オーストラリア 1.6 (3.9%)	インドネシア 2.5 (4.1%)	タイ 2.2 (3.3%)
8	アラブ首長国連邦 1.3 (3.8%)	マレーシア 1.6 (3.8%)	台湾 2.0 (3.3%)	サウジアラビア 2.1 (3.2%)
9	台湾 1.2 (3.6%)	サウジアラビア 1.5 (3.7%)	マレーシア 2.0 (3.3%)	インドネシア 2.0 (3.0%)
10	カナダ 1.2 (3.6%)	ドイツ 1.4 (3.4%)	カタール 1.9 (3.1%)	マレーシア 1.9 (2.8%)

(財務省資料)

中国の急成長が目立つね。順位の変化だけでなく、輸入金額も大きく伸びているよ。アメリカや中国は、輸出先でも上位だったね。日本がこの2国との貿易で密接な関係にあることがわかるね。

ひとくちメモ　江戸時代にも日本はさまざまなものを輸入していたよ。多かったのは生糸や絹織物。でも日本でも生糸の生産が盛んに行われる

日本は多くの工業製品を輸出していますが、その工業製品を作るためには原材料が必要です。しかし、日本は国土が狭く地下資源が限られており、あったとしても、地下深くまで掘り進めなければならないなど、採掘に多くの費用がかかってしまいます。工業生産や現代の社会生活になくてはならない原油に至っては、そのほとんどを輸入に頼っています。

これらの原材料を輸入しなければならない状況は変わっていませんが、近年では完成品の輸入も増えてきています。アジア諸国などの新興国の生産力が向上した上、国内で生産するよりもそれらの国々で作ったほうが安くすむようになってきたからです。

日本のおもな輸入品目と輸入先は？

●日本のおもな輸入品目（上位3位）と輸入先（上位10位）

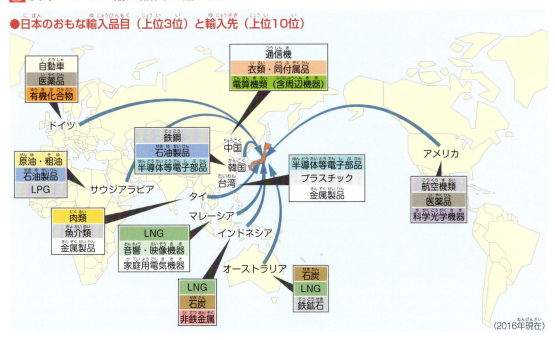

(2016年現在)

日本の輸入品目の移り変わり

輸入品の中で最も多いのは、原油です。LNG（液化天然ガス）や石炭なども多く輸入しており、日本はエネルギーを輸入に頼っていることがわかります。

順位	1990年 輸入総額 33兆8,552億円		2000年 輸入総額 40兆9,384億円		2010年 輸入総額 60兆7,649億円		2016年 輸入総額 66兆419億円	
1	原油・粗油	13.5%	原油・粗油	11.8%	原油・粗油	15.5%	原油・粗油	8.4%
2	魚介類	4.5%	事務用機器	7.1%	LNG	5.7%	LNG	5.0%
3	石油製品	4.1%	半導体等電子部品	5.2%	衣類・同付属品	3.8%	衣類・同付属品	4.5%
4	衣類	3.7%	衣類・同付属品	5.2%	半導体等電子部品	3.5%	医薬品	4.2%
5	木材	3.2%	魚介類	4.0%	石炭	3.5%	通信機	4.1%
6	LNG	2.8%	LNG	3.4%	音響・映像機器	2.7%	半導体等電子部品	3.8%
7	自動車	2.7%	科学光学機器	2.3%	非鉄金属	2.6%	電算機類(含周辺機器)	2.6%
8	石炭	2.6%	石油製品	2.3%	石油製品	2.6%	石炭	2.5%
9	事務用機器	2.2%	肉類	2.3%	電算機類(含周辺機器)	2.6%	科学光学機器	2.4%
10	肉類	2.1%	音響・映像機器	2.1%	医薬品	2.5%	有機化合物	2.3%

※数字は、輸出総額シェア

(財務省資料)

2016年にランクインしてきた「通信機」は携帯電話やスマートフォンのことだね。中国や韓国、台湾などで作られたものを輸入しているんだね。

ようになったので18世紀の初めごろからは生糸の輸入は減少し、かわりに砂糖が多く輸入されるようになったんだ。

act.1 日本と世界
日本の貿易の課題

第5章 世界経済のはなし

日本の貿易には産業の空洞化、食料自給率の低下、資源・エネルギーの確保などさまざまな課題が生じています。これらの課題を見てみましょう。

産業の空洞化

●海外生産比率の推移（製造業）

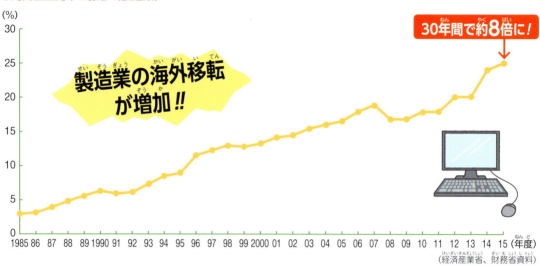

30年間で約8倍に！
製造業の海外移転が増加!!
(経済産業省、財務省資料)

●おもな国の賃金（1時間あたり）

約2000円　※製造業の全雇用者
約200円

ドイツ 33.24 / オーストラリア 31.10 / アメリカ 28.77 / フランス 26.17 / 日本 19.33 / 韓国 18.20 / ポーランド 7.00 / ブラジル 5.53 / メキシコ 4.14 / フィリピン 1.98

(2015年)（全米産業審議会「International Labor Comparisons」）

日本より賃金の低い国で生産すれば、それだけ製品の値段も安くできて、国際的な競争で有利になるんだ。でも日本国内の製造業は、衰退してしまうし、技術流出のおそれもあるね。

用語チェック

技術流出▷日本は長いあいだ、優れたモノづくりの技術を誇っていました。産業の空洞化により、工場などが海外に移転すると、この優れた技術が日本から流出してしまうことになります。これは人材にもいえることで、国内に産業がなくなると、優秀な人材が海外に出て行ってしまうという問題が起こります。新しい産業を発展させたり、先端技術を開発していくことが、産業の空洞化を食い止める対策となります。

ひとくちメモ　日本とアメリカの間では、貿易摩擦がたびたび起こったけど、日本が多くの石油を輸入している中東諸国などとの間で貿易摩擦

産業の空洞化とは、国内の産業が海外に移転して、国内産業がなくなってしまうことです。日本の会社の中にも、人件費を低く抑えられる海外に工場を造って生産しているところが多くあります。その結果、国内の工場などが少なくなり、雇用も減るという問題が起こっています。

日本の食料自給率は、他の主要国と比較すると、かなり低くなっています。資源・エネルギーも同様です。食料やエネルギー源など私たちの生活になくてはならないものを輸入に頼りすぎると、外国で農産物が不作になったり、貿易相手国とトラブルになったりしたときに、十分な量を確保できなくなるおそれがあります。

食料自給率

●おもな国の食料自給率（カロリーベース）

（日本は2016年、韓国は2015年、スイスは2014年、その他は2013年）
（農林水産省資料）

カロリーベースとは、自給率を熱量で計算する考え方で、1人1日あたりの国産供給熱量を1人1日あたりの供給熱量で割った値だよ。日本の食料自給率を上げるには、生産・販売・物流の効率化や、人材の育成などさまざまなことが必要なんだ。

●日本の食料自給率（カロリーベース）の推移

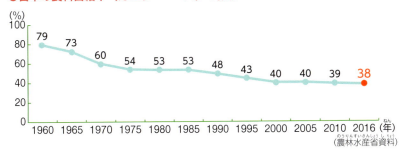

（農林水産省資料）

日本の食料自給率は、年々下がり続けているね。食料だけでなく、エネルギー自給率も低い状況が続いているんだ。

資源とエネルギー自給率

●日本の原油の輸入先

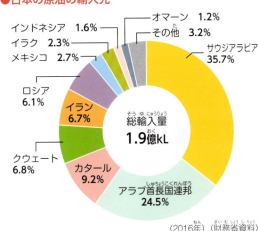

（2016年）（財務省資料）

●おもな国のエネルギー自給率

（2014年）（経済産業省資料）

日本のエネルギー自給率はわずか6％!

海外からの資源・エネルギーの確保だけでなく、新しいエネルギーやリサイクル技術などの開発も、今後ますます重要になってくるね。

act.1 日本と世界

外国為替

遠くの人にお金を送るためには、どのようなしくみがあるのでしょうか。また、円とドルなど、国境を越えたお金の交換は、どのように行われているのでしょうか。

🍊 外国為替のしくみ

●日本からアメリカに送金する場合

国内の銀行同士での送金は日本銀行のネットワークを通じて行えるけど、外国の銀行との間にはそういうネットワークはないので、図のようなしくみで送金しているんだね。

●外国の通貨との両替

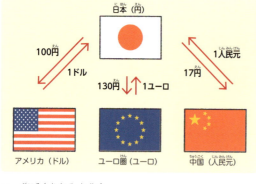

図では、日本がドルを買う場合、1ドルあたり100円を払うことになる。つまり1ドルが100円ということ。同じように1ユーロは130円、1人民元は17円となるよ。

🍊 外国為替市場

●世界のおもな外国為替市場と取引時間

日本時間	0 2 4 6 8 10 12 14 16 18 20 22
ウェリントン	
シドニー	
東京	
香港	
シンガポール	
フランクフルト	
ロンドン	
ニューヨーク	

※その時間におもに取引されている場所を表す。

24時間、世界のどこかで市場が開いているので、1つの市場で大きな値動きがあると、世界中にすぐに影響が伝わっていくんだ。

ひとくちメモ　海外旅行で行った国のお金が残ることがあるね。紙幣だったら日本の銀行で円に交換してもらえることが多いけど、硬貨はあま

為替とは、現金を送る以外の方法で決済を行うことです。国境を越える為替を特に外国為替と呼びます。

外国為替では異なる通貨のやり取りになることが多いので両替も必要になります。両替というと千円札を100円硬貨にくずすといったイメージがありますが、異なる通貨の交換のことも両替といいます。

日本では、江戸時代は通貨の種類が多く、それぞれの交換比率が変動していたため、国内でも両替が必要でした。大きな町には両替商があり、手数料を取って両替を行っていました。また両替商は、現金にかわる為替手形を発行し、離れた土地の間でも取引が安全に行えるようにしました。まさに現在の為替を行っていたのです。

江戸時代の両替商

江戸時代の日本では、両替商が国内の金、銀、銅の両替をしたり、為替手形を発行して経済を動かしていたよ。現在の外国為替のしくみとどんなところが似ているかな。

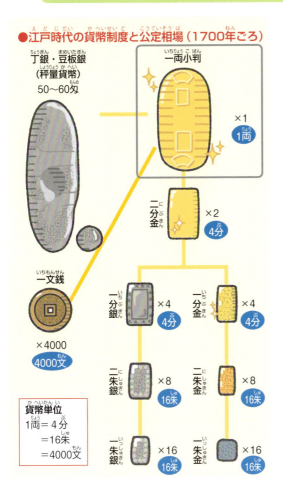

●江戸時代の貨幣制度と公定相場（1700年ごろ）

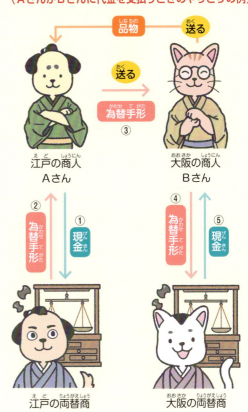

●江戸時代の為替相場
（AさんがBさんに代金を支払うときのやりとりの例）

江戸時代には、金、銀、銅の3つの貨幣が流通していたんだ。金1両＝銀60匁＝銅4000文というのが、公的なレートだったよ。けれども実際は経済状況などによって、レートは変動していたんだ。この交換レートを決めながら両替を行っていたのが両替商だよ。

貨幣は重たいし、取引の現金を持って江戸と大阪を往復するのは危険だったよ。そこで商人たちは近くの両替商に取引の代金と手数料を渡して「為替手形」を発行してもらい、それを取引先に届けていたよ。取引先は地元の両替商へ行って、受け取った為替手形を現金に換えたんだ。こうすることで、日本中の商業が大きく発展していったんだよ。

第5章 世界経済のはなし

act.1 日本と世界

外国為替のしくみとモノの値段

ニュースなどでよく話題になっている外国為替や為替レートとはどのようなものでしょう。私たちの生活に、どのような影響を与えているのか考えましょう。

為替相場に影響を与える要素

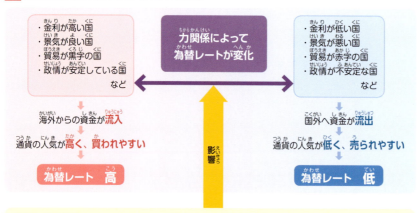

為替相場は、モノの値段と同じように需給のバランスで決まるよ。基本的には2国間の力関係によって、強い方の国の通貨が買われて高くなり、弱い国の通貨が売られて安くなるんだ。

為替相場のバランスに大きく影響を与えているのは、金利、景気、国際収支といった、経済の基礎的な要因。こうした経済状況以外の要因で為替レートが動くこともあるよ。

円相場の歴史
●ドル・円の為替レートの推移

ドル・円の為替レートとは、円でドル（1ドル）を買うときの値段のことだよ。1973年まで固定為替相場制だったので、1ドルはいつも360円だったよ。変動為替相場制が導入されてからは、大きく変化しているね。

用語チェック

固定為替相場制・変動為替相場制 ▷ 固定為替相場制とは、為替レートを固定するやり方。かつては日本とアメリカの間でも1ドルが360円に固定されていました。いっぽう変動為替相場制は、外国為替市場での需要と供給によって為替レートを変動させる制度です。ドル売りが増えれば円高になって、1ドルの値段が安くなります。逆に円売りが進めば、円安となって、1ドルの値段が高くなります。

ひとくちメモ 日本人にとって、1960年代まで海外旅行は、ごく一部の裕福な人しか行けないものだったよ。クイズ番組の優勝賞品として「夢

外国との通貨のやりとりを外国為替といいます。このやりとりをするときに使われる通貨同士の変換の割合を為替レートと呼びます。

為替レートは、金利や物価といった経済の基礎要因などさまざまな要因によって変動し、国の経済を大きく左右します。私たちに身近なモノやサービスの値段にも、為替レートは深く関わっているのです。

安定的な経済発展を目指して、各国の政府はいろいろな政策を打ち出しています。中央銀行が発表する政策金利もその1つで、為替レートの変動に影響を及ぼしています。

日本と世界

おもな外国通貨と円の関係

●ユーロ・円の為替レートの推移

●人民元・円の為替レートの推移

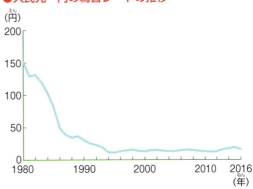

ヨーロッパの共通通貨であるユーロは、いろいろな国の経済と関係するから、レートが激しく変動しているね。いっぽう人民元と円のレートは20年以上あまり変わっていないね。

経済政策と円相場

●100ドルのモノを輸入する時の円高・円安の影響

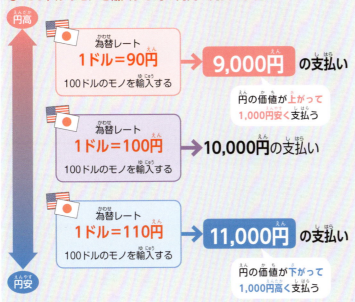

●円高のメリット・デメリット

メリット
・輸入企業の原材料コストが下がる
・輸入品が安く買える
・海外旅行が安くなる

デメリット
・輸出企業にマイナス
・外国人旅行客が減る

●円安のメリット・デメリット

メリット
・海外にとって日本の商品が安くなるので、輸出企業に有利
・デフレが緩和される

デメリット
・海外から買うモノの値段が高くなり、インフレが起こりやすくなる
・輸入企業にマイナス

為替レートによって、輸入品の値段が変わるんだ。

用語チェック

政策金利 ▶ 政策金利とは、国の中央銀行（日本では日本銀行）が一般の銀行にお金を貸すときの金利のことです。政策金利が上がると、銀行の利息が上がるので、その国の通貨の需要が増えます。ドルと円の関係で考えると、日本が政策金利を上げると、円が買われ、円高ドル安傾向となります。

の"ハワイ旅行"といった表現がされていたほど。円ドル相場が変動相場制になり円が上がったことで、海外旅行が一般の人にも広がったんだ。

159

第5章　世界経済のはなし

act.2 世界経済

　ウォール街にある、ニューヨーク証券取引所です。ニュースなどで見たことのある人も多いことでしょう。

　ニューヨークの証券市場で株価が上下すると、そのニュースは瞬く間に世界中に伝わります。アメリカ経済に懸念材料が見つかると、世界中の人々がその推移を見守ります。

　日本の東京市場、イギリスのロンドン市場、中国の上海、深圳、オランダのアムステルダム、フランスのパリ……すべて同じです。世界中の証券取引所の情報が24時間体制で世界を駆け回るのです。

　ヨーロッパの小国・ギリシャで財政に関する問題が明るみに出ただけで、世界中の金融市場が破たんするのではないかというほどの大騒ぎになりました。世界経済はいま、国境も、地理的な距離も、時差さえも関係ないほど密接な関係にあるからです。

　だからこそ毎日のニュースで各国の証券市場の動向がニュースになり、日本人の我々でさえ、ニューヨーク証券取引所が「見慣れた風景」と感じるようになっているのです。

第5章 世界経済のはなし

act.2 世界経済

国内総生産（GDP）

国の経済力を知るための目安としてGDPという数値が用いられます。GDPとはどのようなものでしょう。また日本や世界の国々のGDPはどのように変化しているでしょう。

🍙 国の経済力の指標

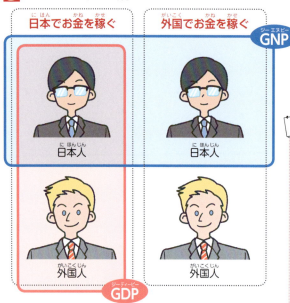

以前はGNPがよく使われたけど、「国内」で生まれた付加価値額をより正確に表せるよう、GDPを使うことが多くなったよ。最近では「包括的な豊かさ（Inclusive Wealth）」という新しい指標も生まれているよ。

用語チェック

GDP ▷ Gross Domestic Product：国内総生産。一定期間にその国に居住する経済主体（経済活動を行う人や企業など）が生み出した、付加価値額の総額。その国で経済活動を行う外国の企業や外国人が生み出した付加価値額は含むが、日本企業の海外支店や海外にいる日本人が生み出した付加価値額は含まない。

GNP ▷ Gross National Product：国民総生産。GDPとは違い、その国の人や企業が生み出した付加価値額ならば海外で生み出したものも含むが、外国人や外国の企業がその国で生み出した付加価値額は含まない。

🍙 日本のGDPの推移

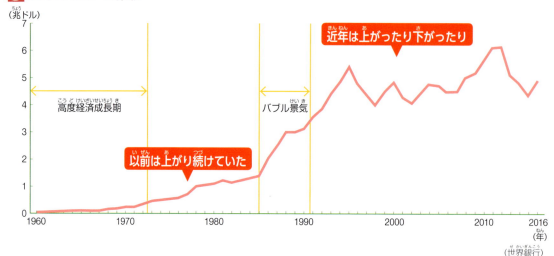

（世界銀行）

日本で急速に経済が発展した1950年代なかばから1973年ごろまでの時期を高度経済成長期と呼ぶんだ。この時期には重化学工業などの製造業が大きく発展したよ。また1980年代後半から1990年代初めの好景気をバブル景気というよ。低金利で借りた資金が、投資や株式・土地の購入にあてられて、株価や地価が実態とかけ離れた上昇をしてしまったんだ。バブル崩壊をへて、その後日本経済は、長い不況の時代を迎えることになるよ。

ひとくちメモ 日本の経済的な発展は高度経済成長期からのようなイメージがあるね。でも実は江戸時代の日本も経済的な成長を続けていたん

GDPは、Gross Domestic Productの頭文字で、日本語では国内総生産と呼ばれます。モノやサービスに対して支払われた金額から、それを作ったり売ったりするために使ったお金を引いた額を「付加価値」といいます。ある決められた期間に国の中で生じた付加価値をすべて合計したものがGDPです。GDPが多ければ、その国が豊かであると考えられます。また、前の年よりもGDPが増えれば、その国の経済が成長していることになります。GDPには、取引されている価格で計算した「名目GDP」と、物価変動分を除いた「実質GDP」の2種類があります。その国の経済が成長しているかどうかを考える場合には、おもに実質GDPが用いられます。

GDPのしくみ

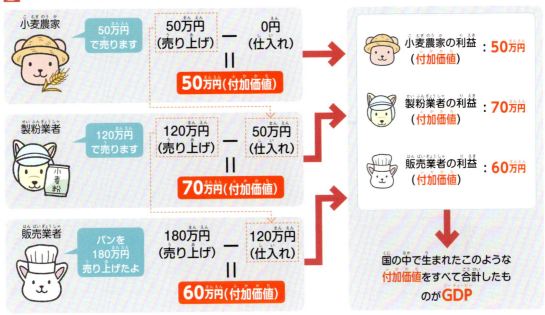

さまざまな国のGDPの推移

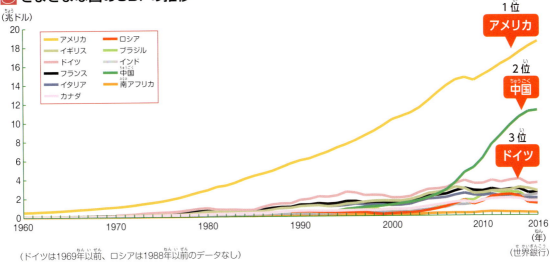

(ドイツは1969年以前、ロシアは1988年以前のデータなし)

日本を除くG7（主要国首脳会議）各国と、BRICSの国々のGDPの推移だよ。BRICSは、ブラジル、ロシア、インド、中国、南アフリカのことで、2000年ごろから大きな経済成長を遂げているよ。この5か国はいずれも天然資源が豊かで人口も多いよ。このまま経済が発展すると、将来はGDPの国別順位が大きく変化する、と予想する人もいるんだ。また、BRICS以外にも、モンゴル、タンザニア、モザンビーク、イラク、ミャンマーなどが、今後大きな経済成長を期待できる国として注目を集めているよ。

だ。例えば文政年間（1818〜1830年）のGDPの伸び率は毎年1％と言われており、当時としては世界的に見ても驚異的な高さだったよ。

act.2 世界経済

世界の貿易

めまぐるしく動く世界情勢の中で、貿易はどのように推移しているでしょう。現状とともに、新しい貿易の形態についても考えましょう。

世界の貿易量（輸出額）の変化

このグラフは世界の貿易で使われたお金を表しているよ。2001年から順調に伸びていたけれど、ここ数年は少し減少しているね。

世界の商品別貿易の変化

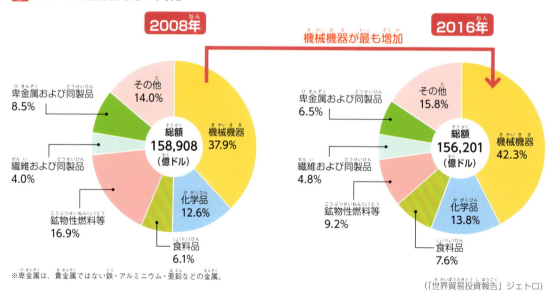

※卑金属は、貴金属ではない鉄・アルミニウム・亜鉛などの金属。

世界貿易で最も取引金額が大きいのは、機械機器。これは増える傾向にあるね。いっぽう、比率が下がっているのが鉱物性燃料だよ。

ひとくちメモ　初めてアフリカの喜望峰まわりでインドに到達したバスコ・ダ・ガマや、大西洋を渡りアメリカ大陸に到達したコロンブスの目

世界のグローバル化とともに、貿易も大きく変わってきています。

2008年のリーマン・ショックとそれに続く世界金融危機で、貿易は一時落ち込みました。いっぽう、巨大な人口を抱える中国の発展なども、世界貿易を大きく左右する要因となっています。

また機械や食品などの「モノ」だけではなく、目に見えない「サービス」も活発に取引されています。これを「サービス貿易」といいます。先進国ではサービス業の従事者が増加しており、貿易全体の中でサービス貿易の占める割合が高くなってきています。サービス貿易にはどんな種類があるのでしょう。

輸出入国トップ10

●輸出国　（単位：億ドル）

順位	国	金額
1	中国	21,353
2	アメリカ	14,510
3	ドイツ	13,380
4	日本	6,446
5	オランダ	5,695
6	フランス	5,009
7	韓国	4,954
8	イタリア	4,616
9	イギリス	4,092
10	ベルギー	3,980

(2016年)

●輸入国　（単位：億ドル）

順位	国	金額
1	アメリカ	21,878
2	中国	15,247
3	ドイツ	10,552
4	イギリス	6,365
5	日本	6,070
6	フランス	5,727
7	オランダ	5,043
8	韓国	4,062
9	イタリア	4,045
10	カナダ	4,029

(2016年)

(「世界貿易投資報告」ジェトロ)

2001年には輸出国第6位だった中国は、その後どんどん順位を上げて2009年に1位になったんだ。日本はかつてアメリカに次いで第2位の輸出国だったこともあるんだよ。

モノ以外の取引

●サービス貿易の4形態　□サービスを提供する国　□サービスを消費する国

❶ 越境取引

ある人が自分の国にいながら外国にいるお客さんにサービスを提供する。

例）テレホンセンターの海外へのアウトソーシング（外部委託）

❷ 国外消費

ある人が外国に行ってその国のサービスを受ける。

例）外国への観光旅行

❸ 業務上の拠点を通じてのサービス提供

あるサービス事業者が、外国に拠点を作ってサービスを提供する。

例）海外支店を通じた金融サービス

❹ 自然人の移動によるサービス提供

ある国の人が外国に渡って、その国のお客さんにサービスを提供する。

例）IT技術者が外国で行うプログラムの作成

(「EPAにおけるサービス貿易と人の移動」外務省資料)

act.2 世界経済

関税と貿易

ある国や地域が輸入品にかける税金を関税といいます。関税の役割は何でしょう。関税はどのような商品にどのくらいかかっているでしょう。

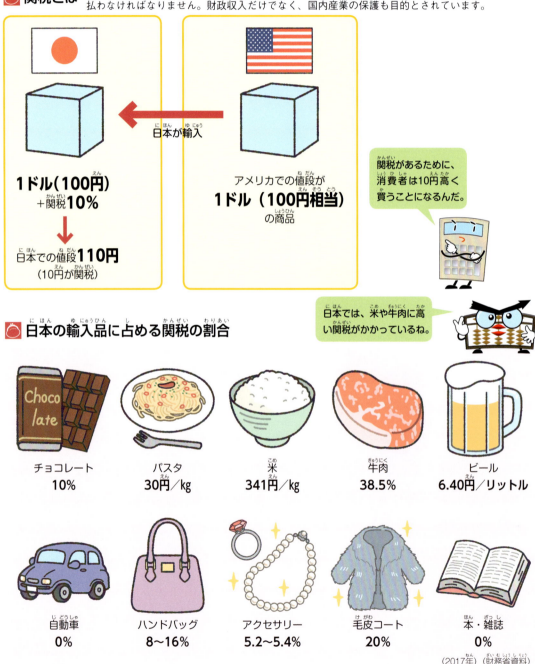

関税とは 関税は、国境を通過する物品に、輸入国の政府によって課せられる税です。物品を輸入するものが払わなければなりません。財政収入だけでなく、国内産業の保護も目的とされています。

日本が輸入

1ドル（100円）
＋関税10％
↓
日本での値段 110円
（10円が関税）

アメリカでの値段が
1ドル（100円相当）
の商品

関税があるために、消費者は10円高く買うことになるんだ。

日本では、米や牛肉に高い関税がかかっているね。

日本の輸入品に占める関税の割合

チョコレート 10%
パスタ 30円／kg
米 341円／kg
牛肉 38.5%
ビール 6.40円／リットル

自動車 0%
ハンドバッグ 8～16%
アクセサリー 5.2～5.4%
毛皮コート 20%
本・雑誌 0%

（2017年）（財務省資料）

ひとくちメモ　空港などにある「免税店」では、輸入品のお酒やたばこ、香水などが、一般のお店より安く買えることがあるよ。出国手続き後

外国から商品などを輸入すると、「関税」がかかることがあります。関税の額は輸入するものによって違います。日本の場合、牛肉は輸入する金額の約40％もの関税がかかります。1kgあたり2000円のステーキ用の牛肉は、そのうち800円が関税だということです。一方、関税がまったくかからないものもあります。

関税はもともと、自国の産業を守る目的で設けられました。しかし近年では互いに関税をなくして自由に貿易を行う方が有利だという考え方が広がってきています。みなさんがよく耳にするFTAやTPPも、関税を下げたり撤廃したりすることを目指す協定です。

関税の役割

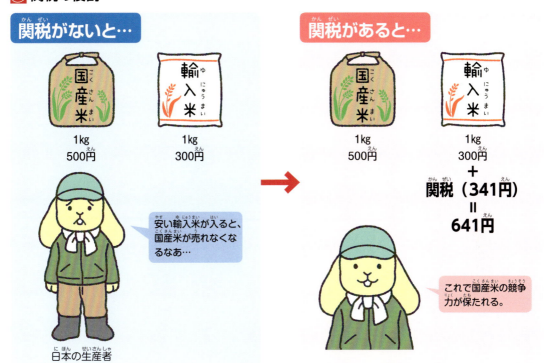

このように関税は国内の産業を守っているんだ。しかし消費者にとっては、安いモノが買いにくいという面もあるね。

関税の歴史

保護主義の時代
1929年の世界恐慌のあと、多くの国が輸入品の関税を高くして自国の産業を保護しようとした。しかし、輸入品が高くなると国内の物価も上がる。また保護された国内産業が成長しなくなるといったデメリットも指摘されている。

→

第二次世界大戦後
1948年に自由に貿易を行うための国際協定GATT（貿易と関税に関する一般協定）が発効する。1995年には自由貿易の規則を決める国際的な機関WTO（世界貿易機関）がつくられた。

→

自由貿易の時代
2か国以上の国や地域が互いに関税などを撤廃、削減することを定めるFTA（自由貿易協定）が、世界で300近く結ばれている。
TPP（環太平洋パートナーシップ協定）でも、加盟国の間で多くの品目の関税をなくすことを目指している。

世界は関税をなくして自由に貿易を行う流れにあるけど、自分たちの国の産業がすたれてしまうのではないかと、反対する人たちもいるよ。国内の産業を守ることを優先する保護主義のほうがうまくいくと考える人たちもいるんだ。

は国から出たことになるので、国内だと必要な関税が免除されるからなんだ。

167

貿易摩擦

act.2 世界経済

貿易摩擦は、どのようにして起こり、どのように解決すればよいのでしょう。かつて日本が経験した貿易摩擦を参考に考えましょう。

貿易収支

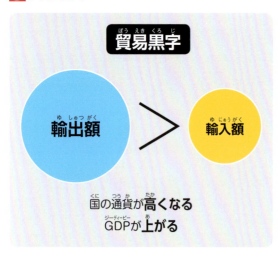

貿易収支とは、一国の輸出と輸入の差額のこと。国の経済にとっては貿易黒字の状態が好ましいけれど、黒字があまり大きくなると、他の国との関係がむずかしくなってくるんだ。

日本の貿易収支の推移

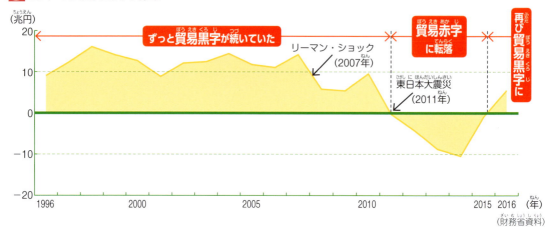

(財務省資料)

東日本大震災のあと、工場などの設備が被害を受けて、いろいろな製品の生産量が減ったんだ。その製品の中には、自動車部品などの輸出品もたくさんあったんだよ。だから一時的に輸出額が大きく減ったんだね。

ひとくちメモ　多くの国が加盟している世界貿易機関（WTO）の協定では、原則として加盟国が貿易上の制限を実施することを禁止している

輸出額から輸入額を引いたものを貿易収支と言います。これがプラスなら黒字、マイナスなら赤字です。

どの国も貿易収支が黒字になることを目指しますが、輸出入を行う国と国の間で、この赤字と黒字のバランスが悪くなると、貿易摩擦の生じる危険があります。貿易摩擦は、2国間の経済だけでなく政治面にも影響し、国と国の関係を大きく左右します。

かつて日本とアメリカの間で起こった貿易摩擦は、新聞やテレビでも連日とりあげられ、大きな問題となりました。

貿易摩擦を防ぐためには、どうすればよいでしょう。

日米貿易摩擦

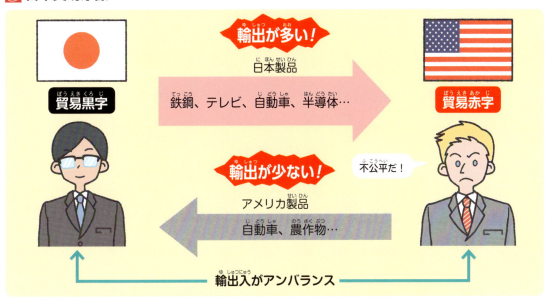

用語チェック

貿易摩擦 ▷ 国と国との間での輸出・輸入のかたよりなどから起きる問題のこと。
・特定の品目の輸入が急増し、国内の産業が打撃を受ける。
・一方からの輸入にかたより、収支が不均衡になるなどの場合、輸入に高い関税をかける、不買運動が起きる、輸入に見合うだけの輸出を可能とするよう強く求めるなどが起きることがある。

第二次世界大戦後、日本は経済的に発展してアメリカに対する貿易黒字が大きくなった。そのためアメリカで日本に対する批判が高まって、1980年代に「ジャパンバッシング」が起こり、日本車を壊すパフォーマンスが行われたりしたんだ。

現在、世界で結ばれている貿易協定の多くは、貿易摩擦が起こらないやり方で自由な貿易を行えるようにするためのものなんだ。

貿易摩擦を防ぐ対策

輸出の自主規制
輸出国が輸出量を減らし、輸出品の価格を上げる。

現地生産の拡大
輸出国が輸入国に工場をつくり、現地で生産する。

輸入自由化の促進
相手国からの輸入品の関税を下げて、輸入量を増やす。

けど、特定のものの輸入が急増し国内の生産者が大きな打撃を受ける場合などに、緊急に輸入を制限するセーフガードという制度があるよ。

169

act.2 世界経済

貿易と協定

自由な貿易を促して経済を発展させるために、いろいろな協定が結ばれています。テレビのニュースなどでもしばしば話題になる貿易に関する協定について考えましょう。

● WTOとFTA・EPA

すべての加盟国に対して、関税を等しく適用（最恵国待遇）。

締約国間のみで、関税を削減・撤廃。

EPA（経済連携協定）　FTA（自由貿易協定）

WTO（世界貿易機関）

自由化レベル　高／低

● WTOでの関税率

X国 ← A国 5%／B国 5%／C国 5%

すべての国に同じ関税率

● FTA・EPAでの関税率

X国 ← A国 5%／B国 5%／Y国 0%

FTA・EPAを組んだ国の関税を撤廃

FTAはWTOの枠内での例外措置で、WTOで扱われない分野を扱ったり、相手国にWTOよりも質の高い約束をしたりするよ。

● WTO（World Trade Organization 世界貿易機関）

● WTOのおもな仕事

世界で自由に、公平に貿易ができるためのルールを決める。

国同士の貿易のトラブルを調停する。

A国　WTO　B国

WTOは、すべての加盟国と自由にモノ、サービスなどの貿易ができる半面、それぞれの国の事情や条件が考慮されにくかったり、多国間でルールを決めるために交渉に時間がかかったりする。それで1990年代からWTOとは別に、2国間の協定が増えているんだ。それがFTAとEPAだよ。

ひとくちメモ　紀元前2400年ごろ、古代メソポタミアの都市国家ラガシュとウンマとの間で戦争が起きたんだ。後に両国は和平条約を結び、

第二次世界大戦は、1930年代に起こった世界恐慌やブロック経済（イギリスやフランスがお金や物資の流通を自国とその植民地だけに限定した経済体制。他の国に対して高い関税をかけるなどして、富が外に出ないようにした政策）も大きな原因であったと言われています。経済が戦争を引き起こしたのです。その反省から、1947年にGATT（General Agreement on Tariffs and Trade 関税および貿易に関する一般協定）という協定が結ばれました。GATTを引き継いだWTOは、多くの国が加盟している国際的な貿易機関です。その後、時代の変化とともにFTA、EPAといった新しい形の協定も生まれています。

EPA（Economic Partnership Agreement 経済連携協定）と FTA（Free Trade Agreement 自由貿易協定）

EPA
・投資規制の撤廃
・人的交流の拡大
・各分野の協力
・知的財産制度・競争政策の調和

FTA
・物品の関税を削減・撤廃
・サービス貿易の障壁を削減・撤廃

日本はWTOを中心としながら、それを補う形でFTA、EPAを進めているよ。すでにシンガポール、メキシコ、マレーシア、チリ、タイ、インドネシアなど15か国との間でEPAが発効しているんだ。

TPP（Trans-Pacific Partnership 環太平洋パートナーシップ協定）

●TPP交渉参加国（2018年2月現在）

●TPPのおもなメリットとデメリット

メリット
○輸入食品（肉、野菜、乳製品など）の値段が安くなる。
○貿易が自由になり、日本で作ったモノの輸出額が増える。
○海外と日本で仕事をする大企業の効率が上がり、利益が増える。

デメリット
○外国から安い商品が入り、デフレを引き起こしたり日本の農業に打撃を与えたりする。
○日本では扱われていない食品添加物や遺伝子組み換え食品が入ってくる。
○現在の日本の健康保険制度が圧迫される可能性がある。

用語チェック

WTO ▷ 自由貿易の促進を目的とする国際機関。GATTから移行する形で、1995年に設立。164の国と地域が加盟（2017年）。WTO協定をつくり、加盟国が自由にモノ、サービスなどの貿易ができるようにルールを決め、貿易障壁をなくすよう交渉を行っている。また貿易に関する紛争をルールに基づいて解決している。

EPA ▷ 貿易の自由化だけでなく、幅広い経済関係の強化を目的とする協定。投資、人の移動、知的財産の保護などのルールをつくるなど、さまざまな分野での協力を目指す。

FTA ▷ 特定の国や地域の間で、モノの関税やサービス貿易の障壁などを減らし、なくすことを目的とした協定。

TPP ▷ 環太平洋地域の12か国による経済の自由化を目的としたEPA。2016年2月にニュージーランドで署名されたが、2017年1月にアメリカが離脱を表明、アメリカ以外の11か国での発効を目指している（2018年2月現在）。

当初、アメリカもTPPに参加する予定だったけど、大統領が代わってから方針を変えたんだ。このように、TPPについてはさまざまな意見があるよ。テレビや新聞でどのように伝えられているかな？

act.2 世界経済

金融による世界の結びつき

ひとつの国で起こった金融問題が、世界中の経済に大きな影響を与えることがあります。グローバル化によって、世界の金融の結びつきはますます強くなっています。

🔴 リーマン・ショック

●リーマン・ショックと4か国の株価指数の推移

アメリカ以外の国の株価は、2008年の夏ごろまではほぼ安定していたけど、2008年の秋ごろ、急に下落しているね。これは、アメリカで起きたリーマン・ショックが、他の国にも大きな影響を及ぼしたからだよ。

用語チェック

リーマン・ショック▷2008年にアメリカの投資銀行リーマン・ブラザーズ・ホールディングスの経営破たんから引き起こされた世界的金融危機。リーマン・ブラザーズは、アメリカの住宅価格の下落によって証券化されていたサブプライムローンの不良債権化により破たんした。なお、「リーマン・ショック」は和製英語で、世界的には「2007年から2008年の金融恐慌」などと呼ばれる。

●リーマン・ショックの影響と対策

アメリカで住宅価格が下がり、サブプライムローンが不良債権化。投資銀行のリーマン・ブラザーズが経営破たんする。

アメリカで消費が減り、他の国がアメリカに輸出しているモノも売れなくなる。アメリカや主要国の株価が暴落する。

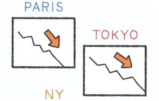

G20が財政出動と金融緩和を中心とした経済対策を実施する。

経済対策でピンチにみんなで対処しよう

用語チェック

G20（Group of Twenty：20か国財務相・中央銀行総裁会議）▷世界経済の安定と成長をはかるための国際会議で、年1回開催される。会議では、経済問題のほか、地球温暖化、テロ、途上国支援などについても話し合われる。参加国は、アメリカ、イギリス、フランス、ドイツ、日本、イタリア、カナダ、ロシア、中国、韓国、インド、インドネシア、オーストラリア、トルコ、サウジアラビア、南アフリカ、メキシコ、ブラジル、アルゼンチンとEU。

ひとくちメモ 国連の専門機関の一つに、世界銀行があるよ。世界銀行の役割は発展途上国などへの資金貸出と国際的な通貨制度の安定を図る

2008年9月、サブプライムローン（低所得者向けの住宅ローン）の不良債権化をきっかけに、アメリカ証券界第4位の投資銀行リーマン・ブラザーズが経営破たんし、ここから世界金融危機が起こりました。これがリーマン・ショックです。日本でも株価が暴落し、たくさんの会社が大きな打撃を受けました。

また2009年にはギリシャ危機が発生しました。ギリシャ国債の暴落によって、EU圏の通貨であるユーロが信用を失い世界の株式市場では株価が大きく値下がりしました。

世界の国々は、たとえ遠く離れていても、経済や金融によって深く影響し合っているのです。

ギリシャ危機

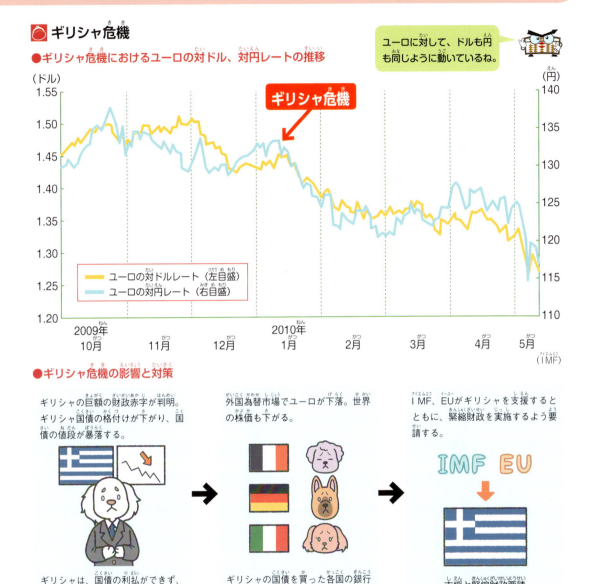

● ギリシャ危機におけるユーロの対ドル、対円レートの推移

ユーロに対して、ドルも円も同じように動いているね。

● ギリシャ危機の影響と対策

| ギリシャの巨額の財政赤字が判明。ギリシャ国債の格付けが下がり、国債の値段が暴落する。 | → | 外国為替市場でユーロが下落。世界の株価も下がる。 | → | IMF、EUがギリシャを支援するとともに、緊縮財政を実施するよう要請する。 |

ギリシャは、国債の利払ができず、デフォルトの危機に！

ギリシャの国債を買った各国の銀行がピンチに！

支援と緊縮財政要請

用語チェック

ギリシャ危機 ▷ ギリシャの財政赤字によって引き起こされた金融危機。ギリシャは、ユーロ圏の中で経済規模が3％にも満たない小国だが、ユーロによってヨーロッパ各国と経済的に強く関係しているため、世界的な危機となった。ギリシャ国債の暴落がユーロの下落、世界各国の株価下落につながった2010年の危機と、EUとの交渉が行き詰まりIMFからの借入返済の延滞、EUの第2次金融支援終了などの事態に陥った2015年の危機の2回に分けて考えることが多い。

ギリシャは、「財政赤字はGDPの5％程度」と言っていたけれど、2010年の政権交代によって、実際ははるかに大きいことが判明。しかもその対策が楽観的すぎたため、ギリシャ国債が暴落したんだ。小さな国の財政の不祥事が、世界的な危機を引き起こしたんだよ。

第5章 世界経済のはなし

act.2 世界経済
インターネットと世界経済

インターネットの利用者数は世界中で増え続けています。インターネットを利用したビジネスも増加し、世界経済も大きく変化しつつあります。

世界のインターネット利用者数の推移

すごい勢いで増えているね。世界の人口は約73億人（2016年）だから、半分近い人がインターネットを利用していることになるんだ。日本では、2016年にインターネット利用者が1億人を突破したよ。

日本人のインターネットの利用目的・用途

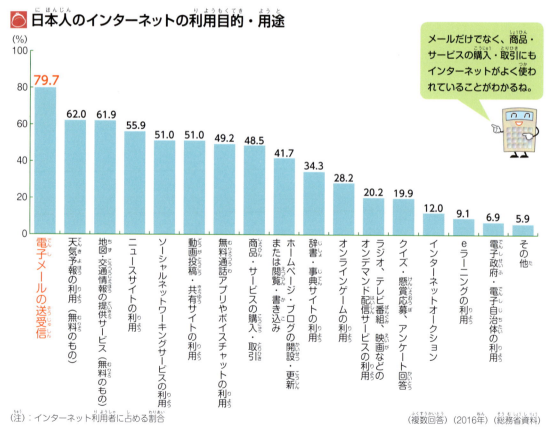

メールだけでなく、商品・サービスの購入・取引にもインターネットがよく使われていることがわかるね。

（注）：インターネット利用者に占める割合　　（複数回答）（2016年）（総務省資料）

ひとくちメモ　代表的な電子マネーである交通系ICカードなどに使われているFeliCa（非接触型ICカードの技術）は、日本のソニーが開発し

インターネットは、メールを送ったり、調べものをしたり、動画を見て楽しんだりといったことのほかに、買い物をしたり、代金の決済をしたりすることにも利用されるようになっています。

コンピューターのネットワーク上でモノやサービスの売買をすることを電子商取引（eコマース：electronic commerce）といいます。私たちにもなじみ深いネットショッピングだけでなく、オンラインの証券取引や、旅行代理店のサイトや、オークションのサイトなど、多様なビジネスがeコマースで行われています。

このように、インターネットによって、私たちは簡単に世界中と取引できるようになっているのです。

電子商取引（eコマース）

店舗がなくても、地方に住んでいても簡単に世界中と取引ができるので、これからもeコマースは増えていくと考えられているんだよ。

●eコマースの3つの形

BtoB
(Business to Business：企業間取引)
部品や原材料の仕入れ、発注、請求など、企業と企業の間の取引をインターネットなどの電子的な情報通信によって行うこと。

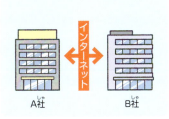

BtoC
(Business to Consumer：企業と消費者間取引)
ネットショップなど、企業がインターネットなどで消費者に商品を販売すること。スマホゲームのダウンロードもBtoCのひとつ。

CtoC
(Consumer to consumer：消費者間取引)
インターネットオークション、フリマアプリなどのように、eコマースの運営会社が仲介をして、消費者同士がインターネット上で取引すること。

●eコマース市場規模の推移と予測

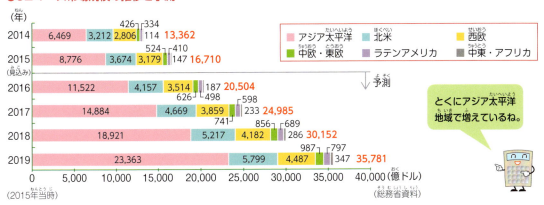

とくにアジア太平洋地域で増えているね。

●日本のeコマースの実施状況

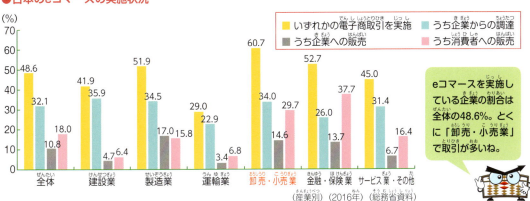

eコマースを実施している企業の割合は全体の48.6％。とくに「卸売・小売業」で取引が多いね。

戦争と経済

COLUMN 5

●戦争をしても「儲からない」

　人類の歴史は、戦争の歴史と言ってもいいぐらい次から次へと戦争が起こります。ところが現在、国同士の大きな戦争はほとんど起きません。小さな衝突や侵攻などは相変わらずありますが、第二次世界大戦が終結（1945年）して以降の世界の状況は、人類の歴史の中ではまれなほど「平和」の状態が続いているのです。理由はいろいろありますが、**戦争をしても儲からなくなった**こともその1つだといわれています。

　昔は、他の国に攻め入ることの大きな目的の1つに、その国の土地や、穀物、金などを勝ち取ることがありました。「**物**」に価値があったのです。豊かな土地を奪えば、その恵みを自分たちのものとすることができたのです。

　しかし現在では、土地や物を奪ってもそれほど価値がありません。

　たとえば、アメリカのカリフォルニア州に**シリコンバレー**という地域があります。アメリカの情報・通信産業の会社が集まり、莫大な収入をあげています。でも、シリコンバレーを攻めて占領しても、その富を得ることはできません。なぜなら、ここで働いている人たち、その人たちの素晴らしいアイデアを生み出す頭脳は、戦争が始まればさっさと逃げてしまうからです。誰もいなくなったシリコンバレーを奪っても、得にはなりませんね。「富を生み出す土地を奪う」ことの意味が変わったのです。

●経済的な結びつきが強まるほど戦争は起きにくくなる

　一方、戦争には膨大な費用がかかります。たとえば日本の場合、太平洋戦争（日中戦争開始から第二次世界大戦終結までの8年間）では、**約7600億円**もの費用がかかりました。当時の国家予算の280倍という、とほうもない金額です。2018年度の国家予算（97兆7128億円）にあてはめてみると、2京7359兆584億円という、非現実的な数字になります。こんなにお金を使っても得るものがないのですから、戦争をしようとは普通は考えません。

　さらに、いま世界では**グローバル化**が進み、世界中の国々が経済面でも密接に結びついています。外国と貿易をするだけでなく、企業が他の国に工場を建てて生産したり、外国企業の株式を売買したりということが、普通に行われるようになっています。

　もしこの状況で国同士の戦争が起きれば、これらの経済活動は止まってしまいます。国内のさまざまな産業にもその影響が波及するでしょう。輸入に頼っていた食料や石油などが入ってこなくなり、国民生活全体が打撃を受けることにもなりかねません。

　だからいまは、戦争をしても**「割に合わない」**時代なのです。

　世界の国々が経済的結びつきを強めれば強めるほど、戦争が起こりにくくなると言っていいでしょう。お金と経済には、こういう効果もあるのです。

付録

経済学入門
経済用語と資料

> 人の営みは経済の営み。
> 人の歴史は経済の歴史。
> これまで人々は経済について
> どんなことを考えてきたんだろう？

付録 経済学入門 経済用語と資料

これは、「金吹方之図」という絵巻物の一部です。「金吹」とは、鉱石を溶かして金銀銅をとりだし、貨幣、つまりお金を鋳造すること。だから「金吹」は「きんふき」ではなく「かねふき」と読みます。この絵巻物には、1819（文政2）年に発行された文政小判や文政一朱金などの製造工程が描かれています。

実はこの文政小判や文政一朱金は、それ以前に発行されていた小判や一朱金に比べ、含んでいる金の割合が著しく少なくなっています。金を多く含む貨幣をこれらの貨幣に作り直すことで、幕府は莫大な差益を手に入れたのです。

しかし、額面は同じでも質の悪い貨幣は価値が下がり物価は高騰。幕府の財政はかえって悪化したと言われています。

このように、経済は一つの変化がさまざまな変化を引き起こしていきます。古来から多くの人々がそのしくみを解き明かそうとしてきました。本書の最後に、お金と経済について、どんな人がどんなことを考えてきたのかを見てみましょう。

「金吹方之図」国立公文書館

経済学入門

重商主義 16世紀前半〜18世紀前半

貴金属の流入を増やしたり、貿易収支を黒字にしたりすることで国富の増大をめざし、貿易統制を行うべきだとする考え方。

国の富を増やすために

大航海時代の到来で世界的な貿易が本格化した16世紀半ばから18世紀にかけて、ヨーロッパの絶対君主制の国々で国王や君主が権力を振るうためには、軍隊と官僚組織が不可欠でした。

しかし、そのためには莫大な費用が必要。それをまかなうためには国富を増やさなければなりません。そこで登場したのが「重商主義」です。

貴金属の流入を増やす「重金主義」と貿易収支で外貨を稼ぐ「貿易差額主義」

重商主義は初期の「重金主義」と、後期の「貿易差額主義」に分けられます。

「重金主義」は金銀などの貴金属を国の富とみなして、その保有を増やそうというもの。大航海時代をリードしたスペインやポルトガルなどで採用されて、植民地の鉱山開発などでヨーロッパには莫大な金銀がもたらされました。しかし、国内の貴金属を増やすことがあまりにも重視されたため、為替が制限されたり、より大きな利益を得られる投資のためであっても貴金属の輸出が認められなかったりといった面もありました。また、国内の金、銀が増加したため、通貨の価値が下落し物価が高騰するなどしたため、国内産業を育成する「貿易差額主義」が生まれたのです。

「貿易差額主義」は貿易収支を黒字にして外貨を稼ぐ政策です。おもにイギリスやフランスで採用され、輸入制限や輸出の助成など国内産業の保護や育成が図られました。

重商主義政策によって産業は大きく発達し、19世紀イギリスの産業革命へとつながります。商品経済も発展して、資本主義経済の基礎が築かれていきました。

一方、政府による産業保護や輸入制限は、自由な競争による経済の発展を阻害するとの批判も生まれました。これが18世紀後半の「重農主義」へとつながっていきました。

人物伝

トーマス・グレシャム 1519年-1579年

イギリスの貿易商、王室金融管理人

代表的な重金主義者の一人。王室金融管理人を務めていた際、イギリスの通貨価値が他国の通貨価値に比べて低いことに苦しめられた。その原因をグレシャムは、イギリスが改鋳によって通貨の品質を落としたことにあると考え、通貨の品質を元に戻すことをエリザベス1世に進言した。このことが、「同じ額面の品質の良い貨幣（良貨）と悪い貨幣（悪貨）が出回ると、人々は品質の良い貨幣を手元に置いておこうとするので悪貨ばかりが流通するようになる（悪貨は良貨を駆逐する）」ことを表す「グレシャムの法則」の語源となった。

ひとくちメモ 「重金主義」では貴金属を国の富として貯めこもうとしたけど、中でも重視されたのは金と銀だったんだ。これらを貯めこむこ

重農主義　18世紀後半

自由に放任することで産業は栄え、国富に結びつく。また、「生産」を行っているのは農業だけで、商工業の発展も農業にかかっているとする考え方。

重商主義で疲弊した農業国・フランス

農業を富の源泉として重んじる経済思想や経済政策のことを「重農主義」といいます。

「重農主義」が生まれたのは18世紀後半のフランス。大きな農業国だったフランスは重商主義政策によって貨幣経済、商品経済が普及していきましたが、富国強兵の政策によって周辺諸国としばしば戦争を引き起こしました。戦争や支配階級の浪費などで経済が疲弊してくると、フランスの絶対王政は体制危機に陥ります。一方、「重商主義」によって貨幣経済が発展したことで、かえって困窮する貴族も出てきました。

これらを再建しようという機運の中から商工業を偏重する重商主義は批判されて、「重農主義」が唱えられるようになりました。

「生産」を行っているのは農業だけ

「重農主義」の創始者、宮廷侍医のフランソワ・ケネーは「人間は（神が定めた）自然の法則の範囲内で自由であるべきで、この自由を束縛する人為的な法律や規制は有害なもの」と主張しました。重商主義のように国が産業を保護したり規制したりするのではなく、産業活動を自由に放任することで国の富は増えると考えたのです。

また農業に従事する人だけが剰余生産物（自分が必要とする以上の生産物）を生み出す生産者であり、農業によってもたらされる原材料がなければ何も生み出せない商工業者は生産者ではない。従って商工業の発展は農業にかかっているとして、農業の発展の必要性を強調しました。

ケネーの影響を受けたフランスの蔵相・テュルゴーは「生産物からの利益を得ているのは地主である」という考え方から、商工業者や農民には税をかけず、貴族や僧侶など地主階級だけから徴税しようとしましたが彼らの猛反発にあい、実行することはできませんでした。「重農主義」のこうした考え方は後にアダム・スミスらの「古典派経済学」やカール・マルクスの経済思想に影響を与えました。

人物伝

フランソワ・ケネー　1694年-1774年

フランスの医師、経済学者

宮廷医師としてベルサイユ宮殿で暮らしていたが、50歳をすぎてから経済学者を志す。ケネーは、商品の経済循環が肺循環を省いた血液循環と同様であり、心臓が器官のために特別な重要性を持っているのと同様に、農業が社会と経済の制度に特別な重要性を持っていると考え、1759年に分析的手法で経済活動についての説明を試みた『経済表』を著す。『経済表』は重農主義経済理論の基礎となり、カール・マルクスからは「実に天才的な、疑いもなく最も天才的な着想」と称賛された。

とができれば金や銀の地金でも、コインでもいいと考えられたよ。これらを唱えた人々を地金主義とか金塊主義と呼ぶこともあるよ。

付録

経済学入門

古典派経済学 18世紀後半〜19世紀

労働価値説や三階級論を理論的基調とする経済学の総称。自由主義経済理論を中心思想とする。市場における自由な競争が、富の源泉である労働の生産性向上に結びつくと考える。

経済活動を本格的に研究対象とした初めての学問

私たちの生活に必要なモノ（財）やサービスを生産したり、分配したり、消費してお金を循環させるのが「経済」です。経済学とは、そうした経済活動や経済のしくみ、いわば「お金の動き」を研究する学問です。

人間の経済活動は大昔から行われてきましたが、それを学問の研究対象にするようになったのは比較的最近のことで、18世紀後半にイギリスで生まれた「古典派経済学」がそのはじまりとされています。

「価格」の伸縮によって需要と供給は自然に均衡する

「古典派経済学」の代表的な経済学者が「経済学の父」と呼ばれるアダム・スミスです。スミスは『国富論』という著作で「見えざる手」という概念を打ち出しました。

商品の価格は売りたい人（供給）より買いたい人（需要）のほうが多ければ、品不足になるので価格が上がります。しかし価格が上がり続ければ、どこかで需要と供給の量は等しくなります。逆に需要より供給が多ければモノ余りになって商品の価格は下がります。下がり続ければ、やはり需要と供給の量はいずれ等しくなります。このように価格の伸縮によって需要と供給のバランスが自然と均衡することを、スミスは「見えざる手」と呼んだのです。

市場で「見えざる手」が働いて、需要量と供給量は等しくなり、需要と供給が等しくなれば商品は売れ残らないし、労働市場においても失業者はなくなる、というのが「古典派経済学」の基本的な考え方でした。

1929年に、世界恐慌が起こってモノが売れない大不況と大失業の時代が到来すると、「古典派経済学」はこの理由を説明できず、経済学の主流から後退しました。

人物伝

アダム・スミス　1723年−1790年

イギリスの哲学者、倫理学者、経済学者

「重農主義」を唱えたフランスのケネーらの影響を受け『国富論』を著した。『国富論』は、当時進行しつつあった産業革命後の経済について理論的に述べており、近代経済学のはじまりであると考えられている。

また、「重商主義」について批判しており、「見えざる手」という概念を打ち出した。ただし、『国富論』の中でスミスが使った「見えざる手」の意味は、現在とは異なり、投資家がたとえ利己的に投資を行ったとしても「見えざる手」に導かれるように全体としての効率化に結びつき、経済を発展させる —— という意味であった。

ひとくちメモ　アダム・スミスは経済学だけでなく、哲学や倫理学も研究していたよ。また、ニュートン力学や天文学にも強い関心をもってい

マルクス経済学 19世紀〜20世紀

資本主義社会が進めば富は資本家に集中し、貧富の差が広がる。その後、国家が経済を管理する社会主義社会がやってくるとする考え方。

産業革命によって貧富の差が進んだ実態の解明をめざした

「マルクス経済学」は、ドイツ出身の思想家、経済学者のカール・マルクスが、その著作『資本論』で展開した経済理論の体系を根拠として成立した経済学です。

19世紀、ヨーロッパでは産業革命によって生産力が飛躍的に向上しました。その結果、資本を元手に生産手段と労働力を使って利益を追求する資本主義経済が広がります。

一方で、多くの労働者は苛酷な労働条件で働かされており、不況になれば賃下げや失業によって苦しい生活を余儀なくされていました。

マルクスは、そうした貧困や貧富の差を生み出す資本主義社会の実体を解明しようと考え、古典派経済学とそれを受け継いだ経済学への批判を通じて自説を打ち立て、『資本論』をまとめました。

古典派経済学を受け継ぎながらも市場放任主義は批判

マルクスは富と労働力の関係に着目して、「商品の価値はその生産に費やされた労働の量によって決まる」という古典派経済学の考え方(労働価値説)を受け継ぎながらも、「経済は市場に任せて自由にしておけば発展する。政府は余計な手出しをしないほうがいい」とする古典派の主張を批判しました。

利益を上げた資本家がもっと儲けるために機械を導入して生産性を高めようとすれば、労働力を減らせます。すると労働者の失業は増えていく。このように資本主義社会が進めば富は資本家に集中して、貧富の差は広がっていくとマルクスは考えました。

資本主義が発展し尽くした後、歴史的必然として国家が経済を計画的に管理する社会主義社会がやってくることを予見して、ロシアや中国の社会主義革命に多大な影響を与えました。

経済学入門

人物伝

カール・マルクス 1818年-1883年

ドイツ・プロイセン王国出身の哲学者、思想家、経済学者、革命家

『共産党宣言』『資本論』などを著し、資本を社会の共有財産に変えることによって、階級のない協同社会をめざす科学的社会主義(マルクス主義)を打ち立てた。

ドイツ・プロイセン王国の出身だが、プロイセンから追放され、国籍を失ったままフランス、後にイギリスに移り住んだ。プロイセンを出てからは定職に就くことがなく貧困に苦しんだ。『資本論』は全3巻からなるが、第2巻、第3巻が出版されたのは、マルクスの死後だった。

て、「天文学の歴史により例証された哲学的論究を指導し方向づける諸原理」という本も書いているんだ。

付録

経済学入門

新古典派経済学 19世紀後半〜

古典派経済学の自由放任主義の流れを汲みつつ、商品の価値は労働の量によって決まるのではなく消費者の欲望とのバランスで決まるとしている。

作る側の価値ではなく買う側の欲望の度合いでとらえる

古典派経済学やその流れを汲んだマルクス経済学では、商品やサービスの価値は「その生産に投下された労働の量によって決まる」（労働価値説）という考え方を基本にしています。これに対して商品やサービスの価値を、買う（消費する）側の欲望の度合いで説明しようとする考え方（効用価値説）が19世紀末に登場してきました。

1870年代初頭、カール・メンガー（オーストリア）、ウィリアム・ジェボンズ（イギリス）、レオン・ワルラス（スイス）、アルフレッド・マーシャル（イギリス）などの経済学者がほぼ同じ時期に、効用価値説に基づいた経済理論、「限界効用理論」を発表しました。

経済学に数学的な分析を積極的に取り入れる

「効用」とは、商品やサービスを買って得られる満足感のこと。「限界効用」とは商品やサービスを一単位追加して消費することで得られる効用の増加分のことです。

たとえばおなかがすいてパンを買うとしましょう。1個目のパンを食べたときに得られる満足感と、2個目のパンを食べたときの満足感は違ってきます。2個食べておなかいっぱいになれば、3個目はもう買わないかもしれません。「新古典派経済学」では、このような効用に従って人間や企業が合理的に行動するものと考えます。

効用の変化は微分積分などの数学で計算することが可能です。「新古典派経済学」の登場以降、経済を数学を使って理論化する研究が盛んになりました。また、価格決定のメカニズムを表した有名な「需要・供給曲線」は「新古典派経済学」の代表的な研究者であるアルフレッド・マーシャルが生み出しました。時代を経てさまざまな学派に広がりながら、新古典派は現代の経済学の主流になっています。

人物伝

アルフレッド・マーシャル 1842年−1924年

イギリスの経済学者

はじめは数学の研究を志していたが、ロンドンの貧民街を自分の目で見たことにより、人々を貧困から救済したいという使命感から、経済学の道を歩み始めた。「理論が現実から乖離すれば『単なる暇つぶし』に過ぎない」としており、現実の課題と理論上の問題を混同しないように警告した。

需要と供給の理論をまとめた著書『経済学原理』は、長い間イギリスで最もよく使われる経済学の教科書となった。「経済学者は冷静な頭脳と温かい心を持たねばならない」という言葉を残している。

184

ひとくちメモ 経済活動は合理的な判断に基づいて行われているように考えられがちだけど、投資家は、不確実な要素があっても将来の収益を

ケインズ経済学 20世紀前半〜

自由放任主義の限界と矛盾を指摘し、公共投資の効果と必要性を説く。

誕生のきっかけは、世界大恐慌に始まる大不況

イギリスの経済学者ジョン・メイナード・ケインズは、1929年の世界大恐慌から始まった大不況の最中にある1936年に『雇用、利子および貨幣の一般理論（通称、一般理論）』という著書を発表しました。このケインズの著作を出発点とするのが「ケインズ経済学」です。

有効需要を生み出すためには政府による経済政策が必要

長引く不況で失業者が街に溢れる状況に、ケインズは「政府は余計な手出しをしないで、市場に任せて自由にしておけば経済は発展する」という「古典派経済学」の理論に疑問を持ちました。

「古典派経済学」では、すべての市場において価格が動くことで需要量と供給量が等し

くなると考えます。ならば値段（給料）が下がれば商品は売れ残らないし、労働市場では失業者が発生しないはずです。ところが現実の経済ではモノが売れずに不況になるし、失業者も出てきます。

ケインズは不況になったり、失業者が出たりするのは、**有効需要**（実際にお金が発生する需要）が足りないからだと考え、政府が経済政策を行って有効需要を増やすべきだと主張しました。

需要量が増えれば、供給量を増やすために人を雇ったり、新しい機械設備を買ったりするので、失業が減って景気も回復する──「ケインズ経済学」ではこのように考えます。

国が予算を付けて公共工事を増やせば、世の中に流通するお金の量が増えます。また、金利を安くすればお金を借りやすくなるので、企業が設備投資をしやすくなります。

政府が支出を増やす**財政出動**や金利を動かす**金利政策**などは、「ケインズ経済学」に基づいた経済政策なのです。

人物伝

ジョン・メイナード・ケインズ 1883年 – 1946年

イギリスの経済学者、官僚

有効需要は、市場メカニズムに任せた場合には不足することがあるが、減税・公共投資などの政策により投資を増大させれば有効需要は回復することができると考え、財政政策、特に財政支出政策を重視した。この考え方は古典派経済学とは真っ向から対立するため、「ケインズ革命」と呼ばれることもあった。

一方ケインズは、投資家としても成功していた。当初は芳しい成果を出すことができなかったが、母校キングス・カレッジの事務長に就くと、カレッジの基金3万ポンドを運用し、38万ポンドに増やした。

経済学入門

期待して投資をすることがあるね。このような心理をケインズは「アニマル・スピリット」と表現したよ。

付録

経済学入門

ミクロ経済学とマクロ経済学 20世紀前半〜

「経済」について、個人や企業の経済活動に着目する「ミクロ経済学」と、国家単位での経済の動向をさまざまな指標からとらえる「マクロ経済学」という、2つのとらえ方。

「経済」をとらえる2つの見方

経済学は大別すると、「ミクロ経済学」と「マクロ経済学」に分けられます。

「ミクロ経済学」は、経済の最小単位とされる個人（家計）や企業の経済活動に着目して、その行動や意思決定のプロセスなどを研究する学問です。需要と供給の関係、市場における価格決定のメカニズム、原材料、資本、土地、労働力などの資源の分配のされ方などは、「ミクロ経済学」の研究対象です。

一方、「マクロ経済学」は政府、企業、家計の経済活動を集計して国全体の経済に関わる事象を研究する学問です。

「マクロ経済学」で扱われる集計データ（経済指標）には、国内総生産（GDP）、国民所得、物価、貯蓄、消費、金利、投資、為替、失業率などがあります。そうした指標を分析して経済全体の状況や動向を判断し、有効な財政政策や金融政策を考えます。

「マクロ経済学」の始まりは、政府による適切な市場介入（経済政策）を必要とする「ケインズ経済学」です。一方、「ミクロ経済学」は市場原理を重視する「古典派経済学」や「新古典派経済学」の経済理論から発展してきました。

経済を「ゲーム」ととらえる新しい見方も

「ミクロ経済学」と「マクロ経済学」では、研究対象もアプローチの仕方も異なります。しかし、より現実に即した経済学を求める過程においてはともに限界があり、それを補い合う形で両者の垣根は低くなってきています。密接な関わりの中で、経済学を支える両輪になっているのです。

最近では「ミクロ経済学」の一分野として、「ゲーム理論」（集団の動きをゲームととらえて、それぞれのプレイヤーの行動を分析したり予測したりする数学的理論）が経済現象の分析に応用され、注目されています。

人物伝

ジョン・フォン・ノイマン 1903年 – 1957年

ハンガリー出身のアメリカの数学者

主流派であった新古典派経済学への批判として経済学者オスカー・モルゲンシュテルンと共に『ゲームの理論と経済行動』を著し、社会や自然界における複数主体が関わる意思決定の問題や行動の相互依存的状況を数学的なモデルを用いて研究する「ゲーム理論」を打ち立てた。

「自分の利得が自分の行動の他、他者の行動にも依存する状況」を対象とするゲーム理論は、経済学以外の生物学、宗教学、教育学、会計学、コンピューター科学、交通工学、スポーツなど幅広い分野で応用されている。

ひとくちメモ 19世紀末のフランスの数理科学者ポアンカレは、太陽系の小さな惑星が不規則な運動をする事例を発見。非線形性をもった方程

複雑系経済学 20世紀後半〜

さまざまな要素が関連し合っている実際の世界を無理に単純化せず、コンピューターによるシミュレーションを活用するなどして経済を解析する。

自然現象、生命現象などをとらえる考え方を経済学に応用

「複雑系」とは、無数の要素が絡み合って相互に作用しながら、複雑な振る舞いをするシステム（系）のことです。気象などの自然現象、生態系、神経系や細胞などの生命現象が複雑系の例としてよく挙げられます。

「複雑系」の概念は1990年代に注目され、自然科学や社会科学、数学など幅広い分野で研究が進められるようになりました。さまざまな要素が絡み合って成り立っている経済を「複雑系」ととらえて研究する人たちも登場し、「複雑系経済学」という経済学の新しいアプローチが生まれました。

最善の選択ができるとは限らない実際の社会

近代経済学では、市場に参加しているすべての人間や企業は自分の効用（満足度）を最大にするために合理的に行動するという前提に立って理論や経済モデルが組み立てられてきました。経済活動を数式で表現するには、要素をなるべく単純化する必要があるからです。

しかし、実際には人間は多種多様な考えをもって行動するため、社会は簡単に単純化することが難しい複雑な動きをします。そこで、複雑なものを単純化せずに、複雑なまま解明しようとするのが「複雑系」です。

「複雑系」は、自然科学から生まれました。例えば大気の動きは、理論上での予測に比べ実際のものははるかに複雑で、予測もなかなかできません。現実の世界には影響を及ぼすものが極めて多く、そのすべてをシミュレーションのデータに取り入れることができないからです。そこで「複雑系経済学」では、「カオス理論」や「フラクタル理論」といった複雑な現象を扱う理論を応用したり、コンピューターによるシミュレーションを活用したりして、複雑な経済現象を解析します。

人物伝

エドワード・ノートン・ローレンツ　1917年−2008年

アメリカの気象学者

コンピューターシミュレーションによる気象モデルを観察していたローレンツは、あるとき、計算結果の検証のため、同じデータを使ったシミュレーションを何回か繰り返した。ただ、2回目以降は、データ入力の手間を惜しみ、入力する小数点以下の桁数を少なくした。わずかな違いは計算結果にほとんど影響を与えないだろうと考えたためだが、結果として大きな違いが生じた。この発見はわずかな違いが大きく異なる結果に結びつくため、そのすべてを正確に予測することはできないという「カオス理論」のもととなった。

式で表現したんだ。規則的ではない予測の困難な惑星運動を理論的に見いだしたといえ、複雑系の研究の最初のものともいえるよ。

付録

経済学入門

ノーベル経済学賞の歴代受賞者

受賞年	受賞者名	国籍（出身国）	受賞理由
1969	ラグナル・フリッシュ	ノルウェー	経済過程の分析に対する動学的モデルの発展と応用
	ヤン・ティンバーゲン	オランダ	
1970	ポール・サミュエルソン	アメリカ	静学的および動学的経済理論の発展に対する業績と、経済学における分析水準の向上に対する積極的貢献
1971	サイモン・クズネッツ	アメリカ	経済および社会の成長に関する構造および過程を深く洞察するための経済成長に関する理論を実証的手法を用いて構築した功績
1972	ジョン・ヒックス	イギリス	一般的経済均衡理論および厚生理論に対する先駆的貢献
	ケネス・アロー	アメリカ	
1973	ワシリー・レオンチェフ	ソビエト連邦	投入産出分析の発展と、重要な経済問題に対する投入産出分析の応用
1974	グンナー・ミュルダール	スウェーデン	貨幣理論および経済変動理論に関する先駆的業績と、経済現象・社会現象・組織現象の相互依存関係に関する鋭い分析
	フリードリヒ・ハイエク	オーストリア	
1975	レオニート・カントロヴィチ	ソビエト連邦	資源の最適配分に関する理論への貢献
	チャリング・クープマンス	オランダ	
1976	ミルトン・フリードマン	アメリカ	消費分析・金融史・金融理論の分野における業績と、安定化政策の複雑性の実証
1977	ベルティル・オリーン	スウェーデン	国際貿易に関する理論および資本移動に関する理論を開拓した業績
	ジェイムズ・ミード	イギリス	
1978	ハーバート・サイモン	アメリカ	経済組織内部での意思決定プロセスにおける先駆的な研究
1979	セオドア・シュルツ	アメリカ	発展途上国問題の考察を通じた経済発展に関する先駆的研究
	アーサー・ルイス	イギリス（セントルシア）	
1980	ローレンス・クライン	アメリカ	景気変動・経済政策を分析する上での経済的なモデル・手法の開発
1981	ジェームズ・トービン	アメリカ	金融市場とその支出決定・雇用・生産物・価格との関連性の分析
1982	ジョージ・スティグラー	アメリカ	産業構造や市場の役割・規制の原因と影響についての独創的な研究
1983	ジェラール・ドブルー	フランス	一般均衡理論の徹底的な改良と経済理論に新たな分析手法を組み込んだこと
1984	リチャード・ストーン	イギリス	国民勘定のシステムの発展に対する基本的な貢献と実証的な経済分析の基礎の多大な改良
1985	フランコ・モディリアーニ	アメリカ（イタリア）	貯蓄と金融市場の先駆的な分析
1986	ジェームズ・M・ブキャナン	アメリカ	公共選択の理論における契約・憲法面での基礎を築いたこと
1987	ロバート・ソロー	アメリカ	経済成長理論への貢献
1988	モーリス・アレ	フランス	市場と資源の効率的な利用に関する理論の先駆的な貢献
1989	トリグヴェ・ホーヴェルモ	ノルウェー	計量経済学の確率基礎理論の解明と同時発生的経済構造の分析
1990	ハリー・マーコウィッツ	アメリカ	資産形成の安全性を高めるための一般理論形成
	マートン・ミラー	アメリカ	
	ウィリアム・シャープ	アメリカ	
1991	ロナルド・コース	アメリカ	制度上の構造と経済機能における取引コストと財産権の発見と明確化
1992	ゲーリー・ベッカー	アメリカ	非市場における行動を含めた広範にわたる人間の行動と相互作用へのミクロ経済学分析の応用
1993	ロバート・フォーゲル	アメリカ	経済理論と計量的手法によって経済史の研究を一新したこと
	ダグラス・ノース	アメリカ	
1994	ラインハルト・ゼルテン	ドイツ	非協力ゲームにおける均衡分析に関する理論の開拓
	ジョン・ナッシュ	アメリカ	
	ジョン・ハーサニ	ハンガリー	
1995	ロバート・ルーカス	アメリカ	合理的期待仮説の理論を発展、応用し、1970年代以降の財政・金融政策などマクロ経済理論に大きな影響を与えたこと
1996	ジェームズ・マーリーズ	イギリス	「情報の非対称性のもとでの経済的誘因の理論」に対する貢献
	ウィリアム・ヴィックリー	アメリカ（カナダ）	

ひとくちメモ　ノーベル賞はノーベルの遺産をもとにつくられたことは有名だね。ノーベルの兄が亡くなったとき、ノーベル本人が亡くなった

「経済学賞」が生まれたのは1968年。スウェーデン国立銀行が設立300周年祝賀の一環として、ノーベル財団にはたらきかけ、創設されました。

物理学賞、化学賞と同じくスウェーデン王立科学アカデミーにより選考、ノーベル財団によって認定され、一般には「ノーベル経済学賞」と呼ばれていますが、ノーベル財団はこれを正式なノーベル賞とは認めておらず、「アルフレッド・ノーベル記念経済学スウェーデン国立銀行賞」または単に「経済学賞」と呼んでいます。

経済学の発展に貢献した人が表彰されますが、西側経済圏の研究者、特に欧米の研究者に偏っているとの指摘もあります。

受賞年	受賞者名	国籍（出身国）	受賞理由
1997	ロバート・マートン	アメリカ	「金融派生商品（デリバティブ）価格決定の新手法（a new method to determine the value of derivatives)」に対して。オプション評価モデルであるブラック-ショールズ方程式の開発と理論的証明
	マイロン・ショールズ	カナダ	
1998	アマルティア・セン	インド	所得分配の不平等に関わる理論や、貧困と飢餓に関する研究についての貢献
1999	ロバート・マンデル	カナダ	さまざまな通貨体制における金融・財政政策（「マンデル・フレミング・モデル」）と、「最適通貨圏」についての分析
2000	ジェームズ・ヘックマン	アメリカ	ミクロ計量経済学において、個人と家計の消費行動を統計的に分析する理論と手法の構築
	ダニエル・マクファデン	アメリカ	
2001	ジョージ・アカロフ	アメリカ	情報の非対称性を伴った市場分析
	マイケル・スペンス	アメリカ	
	ジョセフ・E・スティグリッツ	アメリカ	
2002	ダニエル・カーネマン	アメリカ（イスラエル）	行動経済学と実験経済学という新研究分野の開拓への貢献
	バーノン・スミス	アメリカ	
2003	ロバート・エングル	アメリカ	時系列分析手法の確立
	クライヴ・グレンジャー	イギリス	
2004	フィン・キドランド	ノルウェー	動学的マクロ経済学への貢献および経済政策における動学的不整合性の指摘と、リアルビジネスサイクル理論の開拓
	エドワード・プレスコット	アメリカ	
2005	ロバート・オーマン	アメリカ　イスラエル	ゲーム理論の分析を通じて対立と協力の理解を深めた功績
	トーマス・シェリング	アメリカ	
2006	エドムンド・フェルプス	アメリカ	マクロ経済政策における異時点間のトレードオフに関する分析
2007	レオニード・ハーヴィッツ	アメリカ（ロシア）	メカニズムデザインの理論の基礎を確立した功績
	エリック・マスキン	アメリカ	
	ロジャー・マイヤーソン	アメリカ	
2008	ポール・クルーグマン	アメリカ	貿易のパターンと経済活動の立地に関する分析の功績
2009	エリノア・オストロム	アメリカ	経済的なガヴァナンスに関する分析
	オリヴァー・ウィリアムソン	アメリカ	
2010	ピーター・ダイアモンド	アメリカ	労働経済におけるサーチ理論に関する功績
	デール・モーテンセン	アメリカ	
	クリストファー・ピサリデス	イギリス（キプロス）	
2011	トーマス・サージェント	アメリカ	マクロ経済の原因と結果をめぐる実証的な研究に関する功績
	クリストファー・シムズ	アメリカ	
2012	アルヴィン・ロス	アメリカ	安定配分理論と市場設計の実践に関する功績
	ロイド・シャープレー	アメリカ	
2013	ユージン・ファーマ	アメリカ	資産価格の実証分析に関する功績
	ラース・ハンセン	アメリカ	
	ロバート・シラー	アメリカ	
2014	ジャン・ティロール	フランス	市場の力と規制の分析に関する功績
2015	アンガス・ディートン	アメリカ　イギリス	消費、貧困、福祉の分析に関する功績
2016	オリバー・ハート	イギリス　アメリカ	契約理論に関する功績
	ベント・ホルムストローム	フィンランド	
2017	リチャード・セイラー	アメリカ	行動経済学に関する功績
2018	ウィリアム・ノードハウス	アメリカ	気候変動と長期マクロ経済分析モデルの統合に関する功績
	ポール・ローマー	アメリカ	長期マクロ経済分析に技術革新を組み込んだことへの功績
2019	アビジット・バナジー	アメリカ	世界の貧困軽減に向けたフィールド実験への功績
	エステール・デュフロ	アメリカ	
	マイケル・クレマー	アメリカ	

経済学入門

と間違えた新聞が「死の商人、死す」と書いたのを見てショックを受けたことが、遺産を世に生かしてほしいと考えるきっかけになったんだ。

付録 経済用語と資料

お金と経済の用語をもっとくわしく！

本文中で出てきた、お金と経済のさまざまな用語を、もっとくわしく説明します。これを読めば、お金と経済の世界が、もっともっとよくわかります。

ローンとキャッシング の用語をもっとくわしく

総量規制 [p.65]

「貸金業法」の対象となる消費者金融やクレジットカードのキャッシングでは、その人の年収等の3分の1を超える貸し付けを原則として禁止すること（他社からの貸し付けを含む）。銀行は「貸金業法」ではなく「銀行法」の規制を受けるので、総量規制の対象とはならない。

また、「貸金業法」の対象となる業者からの貸し付けでも、住宅ローンや自動車ローン、高額の医療費の支払いが目的のローンなどは、総量規制の対象とはならない（総量規制の対象とならないだけで、その業者の審査によって借りられないことはあり得る）。

免責 [p.67]

借金の返済を免除する手続きのこと。破産宣告を受けても、必ずしも免責が許可されるわけではない。

《免責が許可されない例》

・過去10年以内に免責を受けていた。
・浪費やギャンブルなどによって著しく財産を減少させた。
・クレジットカードで商品を購入後、すぐに売却、現金化した。
・免責申立人が財産を隠したり、財産価値を減少させた。
・返済不能にもかかわらず、新たに金銭を借り入れた。
・自己破産費用として金銭を借り入れた。
・自己破産手続き中に新たな借金をした。

日本の企業形態の用語をもっとくわしく

相互会社 [p.100]

一般には、顧客と社員が一致する形態の法人。日本では特に、保険業法に基づいて設立された保険業を行う社団のこと。相互会社では保険契約者を「社員」と呼ぶが、社員に対して剰余金を分配することはない。かつては日本の生命保険会社は「相互会社」であったが、1995年の法改正により株式会社化するところもふえている。

特定非営利活動法人（NPO法人） [p.100]

1998年に施行された「特定非営利活動促進法」に基づいて特定非営利活動を行うことを目的として設立された法人。「非営利」とは、団体の構成員に収益を分配することを目的としていないこと。したがって、団体の運営・維持のために収益を得る行為を行うことはできる。

社団法人 [p.100]

一定の目的のために構成員が集まった団体のうち、法律により「法人格」が認められるもの。一般には一般社団法人（一定の条件が整えば目的を問わず設立できる）と、公益社団法人（法律に基づき公益性を認められた社団法人）のことを指す場合が多いが、広い意味では会社も社団法人の一種である。

財団法人 [p.100]

個人や企業などの法人から拠出された財産の運用益（金利など）を主要な事業原資として運営する法人。かつては公益が目的のもののみ設立が認められていたが、現在は必ずしも公益が目的である必要はない。

公企業 [p.100]

国や地方公共団体が所有したり経営したりしている企業。地方財政法では、水道事業、交通事業、電気事業、ガス事業、市場事業、観光施設事業などが認められている。

第三セクター [p.100]

国や地方公共団体（第一セクター）と民間企業（第二セクター）との共同出資により設立された法人。「半官半民の会社」と表現されることもある。株式会社や財団法人などの形態をとることが多い。

国鉄民営化後に、国鉄から引き継いだ路線を地方公共団体と地元の企業とが資金を出し合って運営するための企業として設立されることが相次ぎ、話題となった。

株式会社の用語を もっとくわしく

株式 [p.102]

企業が発行し、出資者はそれを購入することによって株主としての権利を得る。企業はその資金を設備投資や仕入れ、日々の活動のために使う。その結果として利益が生まれれば、株主はその一部を「配当」として受け取ることができる。

利益が大きくなり配当金が大きくなってくるとその会社の株式の価値が上がるので、株主は出資した金額よりも高い値段で株式を他の人に売り、利益を得ることもできる。反対に、企業が利益を上げられないときは配当を受け取ることはできないし、出資した資金を返してもらうこともできない。株式というと「株券」をイメージすることも

多いが、株式を発行したからといって必ず株券を作らなくてはならないわけではない。

企業価値の用語を もっとくわしく

コストアプローチ [p.106]

その企業が保有している資産を再構築するとした場合にかかるコストに観点を置き、保有している資産をベースに算出する。保有する土地などの不動産も資産に含まれるが、その土地を売却しなければキャッシュを得ることはできない。工場や社屋が建っている場合、土地だけを売却するのはあまり現実的ではない。

そのためコストアプローチは企業の存続を前提としない、清算のための評価方法といわれることもある。

マーケットアプローチ [p.106]

評価対象企業の価値を、比較対象となる企業の取引価格を参考にして算出する。「類似企業比較法」では類似した企業や目標としている企業（上場企業を使用するのが一般的）の任意の指標の数値に係数を乗じる。

株価の要素を盛り込んで評価を行うため、より具体性を持った評価方法といえ、手早く価値を算出したいときや、上場を目指している場合に適している。ただし、乗じる係数に大きく価値が左右される面がある。「類似業種比較法」は相続評価用で、それ以外の使用は不適当。

インカムアプローチ [p.106]

「コストアプローチ」や「マーケットアプローチ」が、企業がこれまでに生み出してきた価値を見る傾向が強いのに対し、インカムアプローチは将来の価値を評価しようとするもの。

このうちDCF法とは、その企業が将来生み出すフリーキャッシュフロー（企業などが自由に使える資金）の総合計を現在の価値で見るとどの程度になるかを評価するもの。まだ実行されていな

経済用語と資料

い（あるいは実行途中の）ビジネスプランも反映させることができる半面、計画の作り方によって価値が変化してしまう面もある。

株価の用語をもっとくわしく

東証株価指数（TOPIX）[p.108]

東証第一部上場銘柄の時価総額の合計を終値ベースで評価し、基準日である1968年1月4日の時価総額を100として指数化したもの。

日経平均株価（日経225）

東証第一部上場銘柄のうち取引が活発で流動性の高い225銘柄を選定し、株価平均型方式を基にした計算方法で修正平均を算出した指数。

ジャスダックインデックス（ジャスダック指数）

日本銀行を除くJASDAQ上場株の時価総額の合計を終値ベースで評価し、基準日である1991年10月28日午後3時の時価総額（基準時価総額という）を100として指数化したもの。

ダウ平均株価

S&P ダウ・ジョーンズ・インデックスが、アメリカのさまざまな業種の代表的な銘柄を選出し、平均株価をリアルタイムで公表する株価平均型株価指数。「ダウ工業株30種平均」、「ダウ輸送株20種平均」、「ダウ公共株15種平均」の3種類と、これらをあわせた「ダウ総合65種平均」がある。

ナスダック総合指数

アメリカの全米証券業協会（NASD）が開設・運営している電子株式市場「NASDAQ」に上場している3,000以上の銘柄のすべてを対象に、時価総額加重平均で算出した指数。

資金調達の用語をもっとくわしく

社債 [p.114]

債券を発行し、資金を調達する。債券は有価証券として取引することができる。

公募債 [p.114]

おもに大企業が、設備投資や企業買収のためにまとまった資金を調達する目的で発行する社債。証券会社などを通じて投資家から資金を調達する。

私募債 [p.114]

投資家から直接資金を調達するために発行する社債。発行目的は様々。

転換社債 [p.114]

企業が十分な利益を得られるまでは利子を支払う社債として扱い、事業が軌道に乗った後は、事前に決めた価格の株式に転換することができる社債。正式には「転換社債型新株予約権付社債」。

手形割引 [p.114]

企業が保有する手形や債権を金融機関に売却する場合、一般に額面よりも減額（割引）される。

自治体の破たんの用語をもっとくわしく

財政再生団体 [p.144]

収入（歳入）が支出（歳出）を大きく下回ったり、行っている事業が行き詰まるなどして、運営が困難な状態に陥った自治体。自治体の「倒産」といわれることもある。

財政健全化団体 [p.144]

地方公共団体財政健全化法の基準で財政悪化の兆しがあると判断され、自主的な財政再建の取り組みが求められる自治体のこと。このままだと「倒産」してしまうかもしれない自治体ともいえる。

日本のおもな税

国税

直 接 税	間 接 税
所得税 個人の所得にかかる。 **法人税** 会社など、法人の所得にかかる。 **地方法人税、地方法人特別税** 法人の所得にかかり、地方交付税の原資となる。 **相続税** 財産を相続したときにかかる。 **贈与税** 財産を贈与されたときにかかる。 **復興特別所得税、復興特別法人税** 個人や法人の所得にかかり、東日本大震災からの復興のための財源とする。	**酒税** 酒類にかかる。 **揮発油税、地方揮発油税** ガソリンにかかる。 **石油石炭税** 原油及び輸入石油製品、石油ガス（LPG）、天然ガス（LNG）、石炭にかかる。 **航空機燃料税** ジェット燃料にかかる。 **石油ガス税** 液化石油ガスにかかる。 **たばこ税、たばこ特別税** たばこにかかる。 **とん税、特別とん税** 外国貿易船が日本に入港するときにかかる。 **自動車重量税** 自動車を所有するときにかかる。 **登録免許税** 不動産や船舶の登記、航空機の登録、人の資格の登録や技能証明、特定の業務に関する免許・許可・認可などにかかる。それらの文書に貼る印紙を買うことによって納付する。 **関税** 輸入の際にかかる。 **消費税** 商品の売上げやサービスの提供などにかかる。 **電源開発促進税** 電力会社が電気を給電したときなどにかかる。

地方税

	直 接 税	間 接 税
都道府県税	**道府県民税** 個人や法人の所得にかかる。 **事業税** 事業を行う個人や法人にかかる。 **自動車税** 自動車を所有する者にかかる。 **鉱区税** 金属や石油、石炭、天然ガスなど地下の鉱物を採掘する者にかかる。 **固定資産税（特例分等）** 土地や家屋などを所有する者にかかる。 **狩猟税** 狩猟に関係する免許（網猟免許、わな猟免許、第一種猟銃免許、第二種猟銃免許）をもつ者にかかる。 **水利地益税** 地方自治体が行った水利事業などによって利益を受ける土地や家屋などにかかる。	**地方消費税** 商品の売上げやサービスの提供などにかかる。 **不動産取得税** 不動産を取得したときにかかる。 **都道府県たばこ税** たばこにかかる。 **ゴルフ場利用税** ゴルフ場を利用したときにかかる。 **自動車取得税** 自動車を取得したときにかかる。 **軽油引取税** 軽油を買ったときにかかる。
市町村税	**市町村民税** 個人や法人の所得にかかる。 **固定資産税** 土地や家屋などを所有する者にかかる。 **軽自動車税** 軽自動車を所有する者にかかる。 **鉱産税** 金属や石油、石炭、天然ガスなど地下の鉱物を採掘する者にかかる。 **事業所税** 一定以上の規模の事業所をもつものにかかる。 **都市計画税** 都市計画区域内にある土地や家屋にかかる。 **水利地益税** 地方自治体が行った水利事業などによって利益を受ける土地や家屋などにかかる。 **共同施設税** 共同作業場・共同倉庫・共同集荷場・汚物処理場などの利用者にかかる。 **宅地開発税** 市街化調整区域のうち公共施設の整備が必要とされる地域内で宅地開発を行うものにかかる。 **国民健康保険税** 国民健康保険の被保険者の属する世帯の世帯主にかかる。	**市町村たばこ税** たばこにかかる。 **入湯税** 鉱泉（温泉）浴場を利用するときにかかる。

（青字は目的税、その他は普通税）

税の分類

どこに納めるのかによる分類	国税	国に納める税
	地方税	地方自治体に納める税
使い道による分類	普通税	一般的な財政支出をまかなうための税
	目的税	使い道が特定されている税
徴収の方法による分類	直接税	納税者が直接納める税
	間接税	税を負担する者と納める者とが異なる税

財政が破たんした世界のおもな国や自治体

ロシア	1990年代後半、世界的なデフレと原油価格の下落により、当時天然資源輸出に依存していたロシアの財政が悪化。アジア通貨危機が追い打ちをかけ通貨ルーブルの下落、ドルへの資金流出が相次ぎ、多くの金融機関が破たん。ついにロシア中央銀行が1998年8月17日からの90日間、対外債務の支払いを停止。実質的な債務不履行に陥った。
アルゼンチン	1999年、ブラジルの通貨レアルが切り下げられたことにより、アルゼンチンの通貨であるペソが相対的に高くなり、アルゼンチンの輸出産業は輸出競争力を失い貿易収支が悪化。その後のペソと米ドルとのペッグ制（固定相場制）崩壊により経済が破たんし、2001年11月14日に国債などの対外債務の返済不履行を宣言した。
トルコ	1970年ごろから慢性的なインフレと財政赤字を抱えていたが立て直しに失敗。2000年末から2001年にかけて通貨トルコリラが暴落し、実質的な財政破たんとなった。
アイスランド	アイスランドは政府財務も健全で1998年以降黒字となっていたが、GDPの26％近くを金融と不動産が占めていたため、2008年9月のサブプライムローン問題と世界金融危機の影響が大きく、経済危機に陥った。通貨であるクローナの価値はユーロに対し大幅に下落し、政府は非常事態宣言を発令。全銀行が国有化され、ロシアやIMFからの融資を受けたが、アイスランド最大手のカウプシング銀行が発行していた780億円のサムライ債が債務不履行となった。
ジンバブエ	大統領が軍人に与えた特別年金やコンゴへの派兵、さらには白人の経営していた農場の襲撃などにより、国庫と国の中心的な産業であった農業の収穫量は激減し経済は極度に悪化。欧米各国からの経済制裁などにより国内でハイパーインフレが発生した。年間のインフレ率は公式で2億3100万％、実際の推定では6.5×10^{108}％と天文学的な数字となり、100兆ジンバブエドル紙幣も登場した。
デトロイト市（アメリカ）	市の主要産業は自動車産業だったが、主要な工場が他州や海外に移転して雇用が失われ税収も減少。さらにサブプライムローン問題により自動車メーカーのクライスラー、GMが経営破たんしたことも影響し、さらに深刻な財政難に陥った。2013年7月18日に連邦地方裁判所に連邦倒産法第9章適用を申請。負債総額は180億ドルにものぼり、アメリカ合衆国の財政破たんした自治体の中で、当時最も大きい額となった。
アメリカ合衆国自治領プエルトリコ	観光産業が中心だったが、2008年のリーマン・ショック後の景気悪化で税収が落ち込み、2015年に米自治領で初めて債務不履行に陥った。債権者であるヘッジファンド等と協議を行ったが不調に終わり、2017年5月3日に連邦地裁に破産申請を行い自治体として破たんした。負債額はアメリカ合衆国の自治体の破たんとしては最高額の700億ドル（日本円で約7兆8000億円）にのぼり、2013年に破たんしたデトロイト市の約4倍。

経済学に心理学を取り入れた「行動経済学」

COLUMN 6

●現実社会を説明できなかった経済学

2017年にノーベル経済学賞を受賞した、アメリカ・シカゴ大学のリチャード・セイラー教授は、経済学の中でも「**行動経済学**」というジャンルの権威です。

経済学では長らく「人間は無駄なく冷静に行動する」と考えられてきました。他人の影響を受けず、絶えず損を避け、自分の利益や満足が大きくなるように行動するという前提で理論が組み立てられてきたのです。

しかし現実社会では、それではうまく説明できない事柄が次々と起こります。そこで、心理学を取り入れて、人間の経済活動を説明しようとするのが「行動経済学」です。

●人間は「心の家計簿」を持っている

セイラー教授は、人間は、「**メンタルアカウンティング（心の家計簿）**」を持っていることを明らかにしました。

セイラー教授は、右のような質問に答えてもらう実験をしました。するとⒶは「買う」と答えた人が多く、いっぽうⒷでは「買わない」と答えた人が半分以上でした。でも、合理的に考えれば、ⒶもⒷも同じ1万円の出費なのです。

セイラー教授は、Ⓐの場合は財布に入っていたお金を予備費と考えているので、それを使うことに対する抵抗が少なく、さらりと払うのに対し、Ⓑの場合は当日券代を娯楽費と考え、娯楽費に1万円は高すぎると考える人が多いということを明らかにしました。

このように人間は、自分の心の中に「光熱費3万円、食費5万円、娯楽費5千円、予備費5千円……」といった家計簿（予算）を持っていて、使うのが同じ金額であったとしても、家計簿の中のどの項目として支払うのかを考え、使っていいかどうか判断していることがわかったのです。伝統的な経済学が「金額が同じなら人々の行動も同じになる」と考えるのとは大きな違いです。

このほかにもセイラー教授は、
・従来の経済学では、人間は損得だけで考えるとされていたが、自分が損をしても公平を好む
・毎月貯金をしたほうが得だとわかっていても、自制心が欠如して貯金できないことがある

など、人間は合理的な損得の判断だけで行動しているわけではないことを明らかにしたのです。

心理学を取り入れた「行動経済学」は新しい分野ですが、これからますます研究が進んでいくでしょう。

チケットが5千円のコンサートを見に行きました。

Ⓐ 会場に着いて、当日券を買おうとして財布をあけたら、5千円札をなくしていることに気づきました。幸い千円札がまだ5枚あります。あなたはチケットを買いますか？

Ⓑ 事前に前売り券を買っておきました。コンサート会場に着いたら、家に忘れてきたことに気づきました。取りに帰る時間はありませんが、幸い、当日券を5千円で買うことができます。あなたは当日券を買いますか？

前売り券、当日券ともに5千円の場合

商品投資 ・・・・・・・・・・・・・・・ 83
商品ファンド ・・・・・・・・・・・・ 114
食料自給率 ・・・・・・・・・・・・・ 155
所得 ・・・・・・・・・・・・・・・・ 56, 69
新古典派経済学 ・・・・・・・・・・ 184
信用創造機能 ・・・・・・・・・・・・ 76
ストック効果 ・・・・・・・・・・・・ 143
スミス(アダム・スミス) ・・・・・・ 182
生活福祉資金貸付制度 ・・・・・・ 134
生活保護 ・・・・・・・・・ 70, 134, 140
生活保護基準額 ・・・・・・・・・・ 140
税金 ・・・・・・・・・ 46, 122〜130, 193
政策金利 ・・・・・・・・・・・・・・ 159
精算型の倒産 ・・・・・・・・・・・・ 116
生産力効果 ・・・・・・・・・・・・・ 143
生命保険 ・・・・・・・・・・・・・・・ 92
世界貿易機関(WTO) ・・・・・・・ 170
競り ・・・・・・・・・・・・・・・・・・ 45
全国銀行データ通信システム ・・・ 79
相互会社 ・・・・・・・・・・・ 100, 190
総資本利益率 ・・・・・・・・・・・・ 113
総資本利益率(ROA) ・・・・・・・ 113
造幣局 ・・・・・・・・・・・・・ 21, 26
総量規制 ・・・・・・・・・・・・ 65, 190
ソルベンジーマージン比率 ・・・・・ 94
損益計算書 ・・・・・・・・・・・・・ 110
損害保険 ・・・・・・・・・・・・・・・ 92

た

第三セクター ・・・・・・・・・ 100, 191
貸借対照表 ・・・・・・・・・・・・・ 112
単利 ・・・・・・・・・・・・・・・・・ 81
地方財政 ・・・・・・・・・・・・・・ 128
地方税 ・・・・・・・・・・ 123, 128, 193
中央銀行 ・・・・・・・・・・ 74, 79, 132
長期金融機関 ・・・・・・・・・・・・ 74
貯金 ・・・・・・・・・・・・・・・・・ 84
直接税 ・・・・・・・・・・・・・ 123, 192
貯蓄 ・・・・・・・・・・・・・・・・・ 59
賃金 ・・・・・・・・・・・・・・・ 61, 68
通貨 ・・・・・・・・・・・・ 36, 156, 159
手形割引 ・・・・・・・・・・・・ 114, 192
適正価格 ・・・・・・・・・・・・・・・ 50
デット・ファイナンス ・・・・・・・・ 114
デビットカード ・・・・・・・・・・・・ 33
デフレーション(デフレ) ・・・・・・ 133
転換社債 ・・・・・・・・・・・・ 114, 192
電子商取引 ・・・・・・・・・・・・・ 175
電子マネー ・・・・・・・・・・・ 34, 36

当期純利益 ・・・・・・・・・・・・・ 110
倒産 ・・・・・・・・・・・・・・・・・ 116
投資 ・・・・・・・・・・・・・・・・・ 82
投資家 ・・・・・・・・・・・・・・・ 104
投資事業組合 ・・・・・・・・・・・ 114
投資事業有限責任組合 ・・・・・・ 114
投資信託 ・・・・・・・・・・・・・・ 114
東証株価指数(TOPIX) ・・・・・・ 192
統制価格 ・・・・・・・・・・・・・・・ 45
特殊会社 ・・・・・・・・・・・・・・・ 74
特殊法人 ・・・・・・・・・・・・・・・ 74
独占価格 ・・・・・・・・・・・・・・・ 45
特定非営利活動法人(NPO法人) ・・・・・・ 100, 190
特別会計 ・・・・・・・・・・・・・・ 127
特別精算 ・・・・・・・・・・・・・・ 116
特別損失 ・・・・・・・・・・・・・・ 110
特別利益 ・・・・・・・・・・・・・・ 110
匿名組合 ・・・・・・・・・・・・・・ 114
独立行政法人 ・・・・・・・・・・・・ 74
トラスト ・・・・・・・・・・・・・・・ 45
取締役 ・・・・・・・・・・・・・・・ 102
取締役会 ・・・・・・・・・・・・・・ 102

な

ニクソン・ショック ・・・・・・・・・・ 25
20か国財務省・中央銀行総裁会議(G20) ・・・ 172
偽札 ・・・・・・・・・・・・・・・・・ 52
日米貿易摩擦 ・・・・・・・・・・・・ 169
日本銀行 ・・・・・・・・ 26, 74, 78, 84, 132, 142
日本銀行券 ・・・・・・・・・・・・・ 15
任意整理 ・・・・・・・・・・・・・・・ 67
値段 ・・・・・・・・・・・・・・・ 44, 50
年金 ・・・・・・・・・・・・ 57, 136, 138
年金(年金保険) ・・・・・・・・ 134, 136
年金制度 ・・・・・・・・・・・・ 136, 138
年金保険(年金) ・・・・・・・・ 134, 136
年利 ・・・・・・・・・・・・・・・・・ 80
ノイマン(ジョン・フォン・ノイマン) ・・・・・・ 186
ノーベル経済学賞 ・・・・・・・・・ 188
ノンバンク ・・・・・・・・・・・・・・ 74

は

廃業 ・・・・・・・・・・・・・・・・・ 117
配当金 ・・・・・・・・・・・・・・・ 102
ハイパーインフレ ・・・・・・ 28, 31, 38
破産 ・・・・・・・・・・・・・・・・・ 116
発券銀行 ・・・・・・・・・・・・・・・ 79
販売費 ・・・・・・・・・・・・・・・ 110
非正規雇用労働者 ・・・・・・・・・・ 71

COLUMN 6 経済学に心理学を取り入れた「行動経済学」

●現実社会を説明できなかった経済学

　2017年にノーベル経済学賞を受賞した、アメリカ・シカゴ大学のリチャード・セイラー教授は、経済学の中でも「**行動経済学**」というジャンルの権威です。

　経済学では長らく「人間は無駄なく冷静に行動する」と考えられてきました。他人の影響を受けず、絶えず損を避け、自分の利益や満足が大きくなるように行動するという前提で理論が組み立てられてきたのです。

　しかし現実社会では、それではうまく説明できない事柄が次々と起こります。そこで、心理学を取り入れて、人間の経済活動を説明しようとするのが「行動経済学」です。

●人間は「心の家計簿」を持っている

　セイラー教授は、人間は、「**メンタルアカウンティング（心の家計簿）**」を持っていることを明らかにしました。

　セイラー教授は、右のような質問に答えてもらう実験をしました。すると❹は「買う」と答えた人が多く、いっぽう❺では「買わない」と答えた人が半分以上でした。でも、合理的に考えれば、❹も❺も同じ1万円の出費なのです。

　セイラー教授は、❹の場合は財布に入っていたお金を予備費と考えているので、それを使うことに対する抵抗が少なく、さらりと払うのに対し、❺の場合は当日券代を娯楽費と考え、娯楽費に1万円は高すぎると考える人が多いということを明らかにしました。

　このように人間は、自分の心の中に「光熱費3万円、食費5万円、娯楽費5千円、予備費5千円……」といった家計簿（予算）を持っていて、使うのが同じ金額であったとしても、家計簿の中のどの項目として支払うのかを考え、使っていいかどうか判断していることがわかったのです。伝統的な経済学が「金額が同じなら人々の行動も同じになる」と考えるのとは大きな違いです。

　このほかにもセイラー教授は、
・従来の経済学では、人間は損得だけで考えるとされていたが、自分が損をしても公平を好む
・毎月貯金をしたほうが得だとわかっていても、自制心が欠如して貯金できないことがある

など、人間は合理的な損得の判断だけで行動しているわけではないことを明らかにしたのです。

　心理学を取り入れた「行動経済学」は新しい分野ですが、これからますます研究が進んでいくでしょう。

チケットが5千円のコンサートを見に行きました。

❹ 会場に着いて、当日券を買おうとして財布をあけたら、5千円札をなくしていることに気づきました。幸い千円札がまだ5枚あります。あなたはチケットを買いますか？

「5千円札をなくした！」
「でも、まだ千円札が5枚入っているぞ。」

❺ 事前に前売り券を買っておきました。コンサート会場に着いたら、家に忘れてきたことに気づきました。取りに帰る時間はありませんが、幸い、当日券を5千円で買うことができます。あなたは当日券を買いますか？

「チケットを忘れた！」
「当日券をもう一度買う？」

前売り券、当日券ともに5千円の場合

さくいん

あ

相対取引 ·················· 45
一般会計 ·················· 126
医療費 ···················· 141
医療保険 ················· 92, 134
医療保険制度 ·············· 134
インカムアプローチ ········ 106, 190
インフレーション（インフレ） ·· 28, 30, 38, 133
ウォレット ················· 41
売上原価 ·················· 110
売上総利益 ················ 110
売上高 ···················· 110
営業外収益 ················ 110
営業外費用 ················ 110
営業利益 ·················· 110
エクイティ・ファイナンス ···· 114
エネルギー自給率 ··········· 154
エンゲル係数 ··············· 63
円相場 ···················· 158

か

外国為替 ··············· 156, 158
外国為替市場 ·············· 156
介護保険（高齢者福祉） ····· 134
会社 ············· 100, 102, 106〜112, 118
会社更生法 ················ 116
価格 ················ 44, 46, 50
価格競争 ·················· 51
確定給付企業年金 ·········· 136
貸金庫 ···················· 85
貸付 ····················· 82
貸付業務 ·················· 76
仮想通貨 ·················· 36, 38
株価 ··············· 108, 172, 192
株価チャート ··············· 109
株式 ················· 102〜106, 190
株式会社 ················ 100, 102
株式時価総額 ·············· 106
株式市場 ·················· 104
株式投資 ·················· 82
株主 ····················· 102
株主価値 ·················· 106
株主総会 ·················· 102
貨幣 ············· 10〜14, 20, 26
カルテル ··················· 45

為替 ············· 77, 83, 156, 158
為替業務 ·················· 76
為替相場 ··············· 156, 158
為替手形 ·················· 156
為替投資 ·················· 83
為替レート ················· 158
寛永通宝 ··················· 14
元金 ···················· 80, 96
元金均等返済 ·············· 83
監査役 ···················· 102
関税 ····················· 166
間接税 ················· 123, 193
環太平洋パートナーシップ協定（TPP） ····· 171
元本 ······················ 80
元利均等返済 ·············· 83
管理通貨制度 ··············· 25
企業型確定拠出年金 ········ 136
企業価値 ·················· 106
企業間取引（BtoB） ········· 175
企業と消費者間取引（BtoC） ·· 175
企業年金 ·················· 136
技術流出 ·················· 154
基準貸付利率（公定歩合） ·· 132, 139
基礎年金（国民年金） ······ 136, 139
キャッシュカード ············ 32
キャッシュフロー計算書 ······ 113
給与 ···················· 56, 60
共同企業 ·················· 101
協同組合 ·················· 100
協同組織金融機関 ·········· 75
ギリシャ危機 ··············· 173
銀行 ············· 32, 74〜78, 84, 132
金本位制 ··················· 24
金融機関 ·········· 32, 74, 78, 130, 132
金融市場 ·················· 104
金融政策 ·················· 132
金融仲介機能 ·············· 76
金利 ················ 80, 96, 132
クラウド・ファンディング ···· 115
繰延資産 ·················· 112
クレジットカード ············ 32
グレシャム（トーマス・グレシャム） ····· 180
経済連携協定（EPA） ······· 170
経常利益 ·················· 110
ケインズ（ジョン・メイナード・ケインズ） ·· 142, 185
ケインズ経済学 ············· 185
決済機能 ·················· 77
決算書 ················ 110, 112
ケネー（フランソワ・ケネー） ·· 181

現金自動預け払い機（ATM）	32, 85
硬貨	18, 21, 26
公開市場操作	133
公企業	100, 191
後期高齢者医療制度	134
公共サービス	122
公共事業	143
公共事業費	143
公共投資	142
公共料金	45
口座	85
公債	126, 128
公衆衛生及び医療制度	134
厚生年金（厚生年金保険）	136
厚生年金基金	136
公定相場	157
公定歩合（基準貸付利率）	132, 139
公的年金	136
公的扶助制度	134
公募債	114, 192
高齢者福祉（介護保険）	134
コールドウォレット	41
顧客価値	107
国債	130
国債費	126
国税	123, 193
国内総生産（GDP）	135, 162
国民総生産（GNP）	162
国民年金（基礎年金）	136, 139
国民年金基金	136
国立印刷局	21, 27, 79
個人型確定拠出年金	136
個人企業	100
個人再生	67
個人年金	136
コストアプローチ	106, 191
国家予算	126
固定為替相場制	158
固定資産	112
固定負債	112
古典派経済学	182
雇用保険	134
コンツェルン	45

さ

サービス	48
債権者価値	106
歳出	126, 128
財政健全化団体	144, 192

財政再生団体	144, 192
財政政策	142
財政破たん	144, 194
財団法人	100, 191
歳入	126, 128
再保険	95
債務超過	113
サブプライムローン	172
産業の空洞化	154
私企業	100
資金	114
資金援助方式	86
資金調達	114
自己資本	112
自己資本比率	87, 113
自己破産	67
資産	59, 112, 114, 130
私的年金	136
児童福祉	134
紙幣	16, 20, 27, 52
私募債	114, 192
資本	114
資本欠損	113
社会価値	106
社会福祉制度	134
社会保障制度	134
社会保障費	126, 134
社債	114, 192
社団法人	100
就学支援金	141
従業員価値	107
重商主義	180
集団投資スキーム	114
収入	56, 69
重農主義	181
自由貿易協定（FTA）	170
出資	82, 102, 114
出資者	101
需要供給曲線	44
純資産	112
純資産利益率（ROE）	113
障害者福祉	134
傷害保険	92
証券会社	74, 104
証券取引所	104
上場企業	105
消費支出	62
消費者間取引（CtoC）	175
消費者金融	65, 66

197

商品投資	………	83	当期純利益	……… 110

商品投資 ……………………………… 83
商品ファンド ………………………… 114
食料自給率 …………………………… 155
所得 ………………………………… 56, 69
新古典派経済学 ……………………… 184
信用創造機能 ………………………… 76
ストック効果 ………………………… 143
スミス（アダム・スミス）………… 182
生活福祉資金貸付制度 ……………… 134
生活保護 ……………… 70, 134, 140
生活保護基準額 ……………………… 140
税金 ……………… 46, 122〜130, 193
政策金利 ……………………………… 159
精算型の倒産 ………………………… 116
生産力効果 …………………………… 143
生命保険 ……………………………… 92
世界貿易機関（WTO）……………… 170
競り …………………………………… 45
全国銀行データ通信システム ……… 79
相互会社 ……………………… 100, 190
総資本利益率 ………………………… 113
総資本利益率（ROA）……………… 113
造幣局 ……………………………… 21, 26
総量規制 ……………………… 65, 190
ソルベンシーマージン比率 ………… 94
損益計算書 …………………………… 110
損害保険 ……………………………… 92

た

第三セクター ………………… 100, 191
貸借対照表 …………………………… 112
単利 …………………………………… 81
地方財政 ……………………………… 128
地方税 ……………………… 123, 128, 193
中央銀行 ……………………… 74, 79, 132
長期金融機関 ………………………… 74
貯金 …………………………………… 84
直接税 ……………………… 123, 192
貯蓄 …………………………………… 59
賃金 …………………………………… 61, 68
通貨 ………………………… 36, 156, 159
手形割引 …………………………… 114, 192
適正価格 ……………………………… 50
デット・ファイナンス ……………… 114
デビットカード ……………………… 33
デフレーション（デフレ）………… 133
転換社債 …………………………… 114, 192
電子商取引 …………………………… 175
電子マネー ………………………… 34, 36

当期純利益 …………………………… 110
倒産 …………………………………… 116
投資 …………………………………… 82
投資家 ………………………………… 104
投資事業組合 ………………………… 114
投資事業有限責任組合 ……………… 114
投資信託 ……………………………… 114
東証株価指数（TOPIX）…………… 192
統制価格 ……………………………… 45
特殊会社 ……………………………… 74
特殊法人 ……………………………… 74
独占価格 ……………………………… 45
特定非営利活動法人（NPO法人）… 100, 190
特別会計 ……………………………… 127
特別精算 ……………………………… 116
特別損失 ……………………………… 110
特別利益 ……………………………… 110
匿名組合 ……………………………… 114
独立行政法人 ………………………… 74
トラスト ……………………………… 45
取締役 ………………………………… 102
取締役会 ……………………………… 102

な

ニクソン・ショック ………………… 25
20か国財務省・中央銀行総裁会議（G20）… 172
偽札 …………………………………… 52
日米貿易摩擦 ………………………… 169
日本銀行 …………… 26, 74, 78, 84, 132, 142
日本銀行券 …………………………… 15
任意整理 ……………………………… 67
値段 …………………………………… 44, 50
年金 ………………………… 57, 136, 138
年金（年金保険）………………… 134, 136
年金制度 ……………………… 136, 138
年金保険（年金）………………… 134, 136
年利 …………………………………… 80
ノイマン（ジョン・フォン・ノイマン）… 186
ノーベル経済学賞 …………………… 188
ノンバンク …………………………… 74

は

廃業 …………………………………… 117
配当金 ………………………………… 102
ハイパーインフレ ………… 28, 31, 38
破産 …………………………………… 116
発券銀行 ……………………………… 79
販売費 ………………………………… 110
非正規雇用労働者 …………………… 71

ビットコイン ……………………… 40	輸入 …………………… 152, 165, 168
貧困 ……………………………… 70	預金 ………… 58, 75, 76, 84, 86, 93
ファンド ………………………… 114	預金業務 ………………………… 76
複雑系経済学 …………………… 187	預金保険機構 …………………… 86
複利 ……………………………… 81	預金保護 ………………………… 86

ら わ

負債 …………………………… 112, 114	ラップ …………………………… 19
普通銀行 ………………………… 74	リーマン・ショック ……… 96, 164, 172
物々交換 ………………………… 10	利益 …………………………… 110
不動産特定共同事業 …………… 114	利子 …………………………… 80, 96
富本銭 …………………………… 12	利息 …………………………… 80, 96
プリペイドカード ………………… 34	流動資産 ………………………… 112
不良債権引当率 ………………… 87	流動比率 ………………………… 112
不良債権比率 …………………… 87	流動負債 ………………………… 112
フロー効果 ……………………… 143	両替商 …………………………… 157
ブロックチェーン ……………… 37, 41	利率 ……………………………… 80
変動為替相場制 ………………… 158	累進課税 ………………………… 123
貿易 ………… 150, 154, 164, 166, 170	ルーズベルト(フランクリン・ルーズベルト) …… 142
貿易収支 ………………………… 168	ロイズ …………………………… 91
貿易摩擦 ………………………… 169	ロイド(エドワード・ロイド) …………… 91
法人企業 ………………………… 100	労災保険 ………………………… 134
保険 ………………………… 90, 92, 94	ローレンツ(エドワード・ノートン・ローレンツ) … 187
保険会社 ……………………… 74, 94	ローン ………………………… 64, 66
保険金 …………………………… 94	和同開珎 ………………………… 12
保険金支払方式 ………………… 86	
母子・寡婦福祉 ………………… 134	**A～Z**
ホットウォレット ………………… 41	ATM …………………………… 32, 85

ま

	BtoB …………………………… 175
マーケットアプローチ …………… 106, 190	BtoC …………………………… 175
マーシャル ……………………… 184	CtoC …………………………… 175
マイナス金利 …………………… 96	EPA …………………………… 170
マイニング ……………………… 37	eコマース ……………………… 175
マクロ経済学 …………………… 186	FTA …………………………… 170
マルクス(カール・マルクス) ……… 183	G20 …………………………… 172
マルクス経済学 ………………… 183	GDP ………………………… 135, 162
ミクロ経済学 …………………… 186	GNP …………………………… 162
民事再生法 ……………………… 116	M&A …………………………… 104
無限責任 ………………………… 101	NPO法人 …………………… 100, 190
メガバンク ……………………… 76	ROA …………………………… 113
免責 …………………………… 67, 190	ROE …………………………… 113

や

	TOB …………………………… 104
有価証券含み益 ………………… 87	TOPIX ………………………… 192
有限会社 ………………………… 101	TPP …………………………… 171
有限責任 …………………… 101, 103	WTO …………………………… 170
融資 …………………………… 77, 82	
郵便貯金 ………………………… 84	
有利子負債 ……………………… 106	
輸出 …………………………… 150, 168	

著者プロフィール

子どものための「お金と経済」プロジェクト（こどものための「おかねとけいざい」ぷろじぇくと）
子どもたちにお金と経済に関する正しい知識と情報を伝え、学習に役立ててもらうと共に、予測を超えた変化を続けるであろうこれからの世界を生き抜く力を育むことを目的としたクリエイティブ・プロジェクト。

カバー	●江口修平
編集	●株式会社リブロ
編集協力	●株式会社装文社
執筆協力	●小川剛、郡司桃子、増澤曜子、株式会社装文社（池田直子、金子聡一）
本文デザイン	●オフィス・ケント 前田健登
	●株式会社ユニックス 小島まゆみ
本文DTP	●オフィス・ケント 前田健登
	●株式会社ユニックス 小島まゆみ
本文イラスト	●オフィス・ケント 前田健登
	●株式会社ユニックス 中澤茉里
写真撮影	●株式会社スタジオオレンジ
写真提供	●日本銀行金融研究所貨幣博物館
	●文鉄・お札とコインの資料館 / 和田 秋菜（http://www.buntetsu.net/）

おやこ まな
親子で学ぶ
かね けいざい ず かん
お金と経済の図鑑

2019年 5 月30日　初版　第 1 刷発行	定価はカバーに表示してあります。
2020年12月29日　初版　第 3 刷発行	本書の一部または全部を著作権法の定める範囲を超え、無断で複写、複製、転載、テープ化、ファイル化することを禁じます。
こ かね けいざい 著　者　子どものための「お金と経済」プロジェクト	Ⓒ 2019　株式会社リブロ
発行者　片岡　巌	造本には細心の注意を払っておりますが、万一、乱丁（ページの乱れ）や落丁（ページの抜け）がございましたら、小社販売促進部までお送りください。送料小社負担にてお取り替えいたします。
発行所　株式会社技術評論社 　　　　東京都新宿区市谷左内町 21-13	
電　話　03-3513-6150　販売促進部 　　　　03-3267-2270　書籍編集部	ISBN978-4-297-10522-8 C3033 Printed in Japan
印刷・製本　大日本印刷株式会社	

●本書へのご意見、ご感想は、技術評論社ホームページ（http://gihyo.jp/）または以下の宛先へ書面にてお受けしております。電話でのお問い合わせにはお答えいたしかねますので、あらかじめご了承ください。

〒162-0846　東京都新宿区市谷左内町21－13
株式会社技術評論社書籍編集部　「お金と経済の図鑑」係
FAX：03-3267-2271